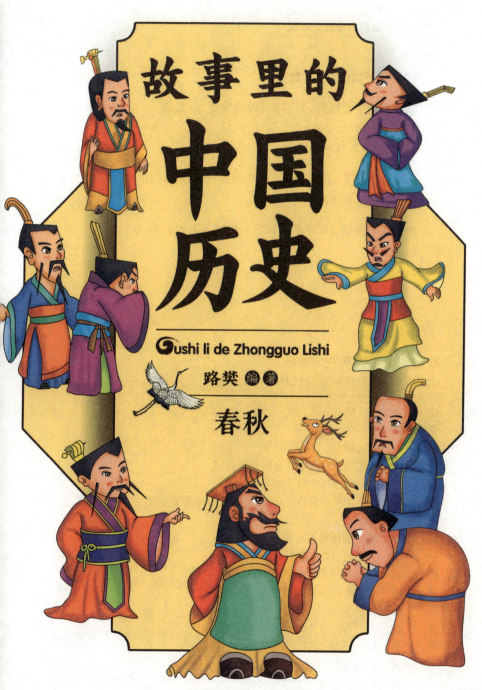

故事里的
中国历史

Gushi li de Zhongguo Lishi

路樊 编著

春秋

民主与建设出版社
·北京·

图书在版编目（CIP）数据

故事里的中国历史 . 1, 春秋 / 路樊编著 . -- 北京：
民主与建设出版社，2022.12

ISBN 978-7-5139-4029-0

Ⅰ . ①故… Ⅱ . ①路… Ⅲ . ①中国历史—春秋时代—
青少年读物 Ⅳ . ① K209

中国版本图书馆 CIP 数据核字（2022）第 212687 号

故事里的中国历史·春秋
GUSHI LI DE ZHONGGUO LISHI CHUNQIU

编　　著	路　樊	
责任编辑	郝　平	
封面设计	书心瞬意	
出版发行	民主与建设出版社有限责任公司	
电　　话	（010）59417747　59419778	
社　　址	北京市海淀区西三环中路 10 号望海楼 E 座 7 层	
邮　　编	100142	
印　　刷	唐山楠萍印务有限公司	
版　　次	2022 年 12 月第 1 版	
印　　次	2023 年 2 月第 1 次印刷	
开　　本	880 毫米 ×1230 毫米　　1/32	
印　　张	5	
字　　数	75 千字	
书　　号	ISBN 978-7-5139-4029-0	
定　　价	358.00 元（全 10 册）	

注：如有印、装质量问题，请与出版社联系。

前言

　　《故事里的中国历史》以中国五千年的历史故事为主线，同时涵盖了历朝历代有趣的人物故事、民间传说、神话故事等，分《春秋》《战国》《秦》《汉》《三国》《两晋》《隋、唐》《宋、元》《明》《清》十卷。书中设置了"有言在先""故事万花筒""逸闻茶馆""知识补给站"等版块，内容精彩，知识丰富。本书根据孩子的阅读能力、习惯和喜好，采用简单有趣的故事形式讲述中国的历史和文明，讲述深入浅出，语言通俗易懂、生动幽默，让孩子的阅读更加轻松有趣。书中的插图也是一大亮点，全书插图多达500余幅，人物形象颇具个性且诙谐幽默，彰显

艺术魅力，让孩子在读书之余也能时时被插图逗乐。孩子在轻松的阅读中，就可以大概了解中华文明和历史，也能从中获得知识，产生对中国历史、优秀传统文化的兴趣，在潜移默化中树立正确的历史观、人生观……

目录
Contents

第1章　郑国打败了周天子

故事万花筒 ·· 5

玩"文字游戏"的郑庄公 ······················ 5

天子跌落神坛 ·································· 9

风水轮流转，霸主不好干 ·············· 12

逸闻茶馆 ·· 15

棘刺刻猴 ···································· 15

知识补给站 ·· 18

"春秋时期"这一名字是怎么得来的？···················· 18

郑庄公也很厉害，为什么不在"春秋五霸"之列呢？ ······ 18

春秋时期，主要使用哪种兵器呢？ ················· 19

第 2 章　"家道中落"的卫国

故事万花筒 21

　姜还是老的辣 21

　你们杀错人了 25

　卫懿公：玩的就是心跳 28

逸闻茶馆 31

　隋侯之珠 31

知识补给站 33

　卫国本是老牌诸侯国，春秋时为何衰落得如此之快？ 33

　鹤在中国文化中包含很多好的寓意，具体都有哪些？ 33

　春秋时的卫国，诞生了中国第一位女诗人——许穆夫人。... 34

第 3 章　齐桓公称霸

故事万花筒 36

　"装死"是一种智慧 36

　斗鸡人士的光荣史 39

　楚国难为"无米之炊" 42

　老马救齐王 45

被活活饿死的霸主 ·················· 48

逸闻茶馆 ························ **52**

伯乐与千里马 ······················· 52

知识补给站 ······················ **55**

在"春秋五霸"中，齐国为什么能第一个称霸中原呢？ ··· 55

在古代的战争中，为什么要擂鼓？ ··········· 55

老马为什么能识途？ ················· 56

第4章　晋国的辉煌时代

故事万花筒 ····················· **58**

不按套路出牌的晋献公 ················58

从"逃犯"到国君 ··················· 61

敬酒不吃吃罚酒 ··················· 65

晋文公做法官 ···················· 68

虎父无犬子 ····················· 71

逸闻茶馆 ························ **74**

清明节的由来 ···················· 74

知识补给站 ······················ **77**

春秋时期，为什么出现了那么多的国家？ ········ 77

秦穆公为何尽心尽力地几次帮助晋国国君？ ·············· 77

晋文公如何在短短几年成为中原霸主？ ·············· 78

第5章　秦穆公西北称雄

故事万花筒 ·· 80

和亲才是上上策 ································· 80

五张羊皮换一个大夫 ······················ 83

牛贩子退秦军 ································· 86

偷鸡不成蚀把米 ······················ 89

由余是个好青年 ······················ 93

逸闻茶馆 ·· 96

秦文公的神话 ································· 96

知识补给站 ·· 99

"秦晋之好"是怎么回事？ ················· 99

百里奚为何被称为"五羖大夫"？ ············· 99

秦穆公东进中原屡次失败，为什么还被称为"春秋五霸"

之一？·· 100

第6章　楚庄王问鼎中原

故事万花筒 102

楚国干掉了"宋君子" 102

"一鸣惊人"的楚庄王 105

邲之战，楚国占了大便宜 109

楚庄王葬马 112

逸闻茶馆 115

三王墓的来历 115

知识补给站 119

历史上为什么只有楚国的国君称王？ 119

"问鼎"一词是怎么来的？ 119

春秋时期的战争具有哪些交战规则？ 120

第7章　吴越争霸的小时代

故事万花筒 122

伍子胥是个狠角色 122

要离：一个讲武德的刺客 126

最狠的教练 ·················· 129

饱尝屈辱的"马夫" ·················· 133

"文财神"范蠡 ·················· 136

逸闻茶馆 ·················· 140

鲁班借龙宫 ·················· 140

知识补给站 ·················· 145

伍子胥一夜白头，可有科学依据？ ·················145

你知道史书《左传》吗？ ·················145

"越王勾践剑"历经 2500 多年，为什么不生锈？ ·········146

春秋

公元前 770 年—公元前 476 年

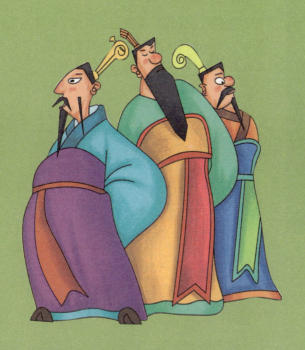

郑庄公小霸中原

公元前 707 年，周桓王率军攻打郑国，郑庄公率军大败周国军队，郑国最终"小霸中原"。

春秋历程

齐桓公称霸

公元前 651 年，齐桓公在葵丘 (今河南民权县东北) 大会诸侯，周天子也派代表参加。齐桓公从此成为霸主。

晋文公称霸

公元前 632 年，晋文公大会诸侯于践土 (今河南原阳)，周天子派代表参加会盟。晋文公成为中原霸主。

秦穆公称霸西戎

公元前 623 年，秦军出征西戎，二十多个戎狄小国先后归服了秦国，秦穆公称霸西戎。周王特加祝贺，并赐金鼓。

●●●● 楚庄王称霸 ●●●●

公元前597年，晋、楚两军战于邲（今河南郑州），晋军大败。而后，中原各国背晋向楚，楚庄王成为中原霸主。

●●●● 吴越争霸 ●●●●

公元前482年，吴国与晋、鲁的国君及周天子的代表会盟于黄池（今河南封丘）。因当时越王勾践进攻吴国，夫差让霸主于晋定公。

公元前473年，越伐吴，夫差战败自杀，吴亡。勾践率师北上，与齐、晋等诸侯会于徐（今山东滕州），成为霸主。

春秋历程

第1章

郑国打败了周天子

有言在先

　　西周覆灭后，众诸侯经过商量，拥立太子宜臼（jiù）为王，史称周平王，迁都洛邑（今河南洛阳市），史称东周。尽管周天子名号还在，但此时的周朝已经实力虚弱、今非昔比，地位更是一落千丈。这时的郑国，在郑武公和郑庄公父子俩的精心治理下，越发强大起来，逐渐位列诸侯之首。在繻（xū）葛之战中，郑国军队将周朝军队打败，周天子从此跌落神坛，郑国也呈现小·霸中原之势。从此，各诸侯完全不再把周天子当回事，开启了你争我夺的纷乱时代。

玩 "文字游戏" 的郑庄公

故事主角: 郑庄公

故事配角: 武姜、共叔段、公子吕、颖考叔等

发生时间: 公元前 722 年

故事起因: 武姜与小儿子共叔段发动叛乱,试图夺君位

故事结局: 共叔段夺权失败客死他乡,武姜被软禁。后郑庄公与母亲武姜重归于好

公元前 771 年,周平王东迁之时,郑武公因护驾周平王到洛阳有功,而被封为卿士,还获得了很多的土地作为封赏。尤其是迁都新郑(今河南新郑市)后,郑国很快成为当时最强大的诸侯国。

郑武公从申国娶了一个大美女,叫武姜。她生了两个儿子:大儿子寤(wù)生、小儿子共(gōng)叔段。

因寤生是她难产所生。因此，她特别不喜欢寤生，而独宠共叔段。武姜曾请求将共叔段立为太子，但郑武公不同意。

郑武公去世后，寤生以长子身份顺利继承了父亲的王位，史称郑庄公。武姜看到心爱的小儿子没能成为国君，既感到生气，又觉得十分心疼，便命令庄公将**制邑**（今河南虎牢关一带）封给共叔段。庄公没答应，最终把**京邑**（今河南荥阳附近）封给了弟弟。

自此之后，在母亲的撑腰下，

共叔段开始扩张地盘，招兵买马，大有武力夺权的态势。公子吕多次对郑庄公提出警告："如果您想把国君之位让给弟弟，那就请放我去侍奉他；否则就请您当机立断，铲除他。"郑庄公对此不以为意。

　　贪心的共叔段不断积聚军粮、修缮（shàn）兵器和盔甲、集结军队和战车，打算攻击国都新郑。母亲武姜听说后，感到大喜，她打算做内应，到时候为共叔段打开城门。

早晚我要把地盘抢回来。

姜还是老的辣，郑庄公表面上对弟弟不管不问，其实暗地里早就派出了眼线。当他听说弟弟要叛乱后，决定先下手为强，命公子吕带兵前去攻打京邑。京邑的百姓纷纷背叛了共叔段，共叔段因为没有防备，很快被打得落花流水，逃亡异地，最终客死他国。

郑庄公对母亲的所作所为很是恼火，一气之下，他将母亲武姜赶出了宫廷并软禁起来，还发下毒誓说："不到黄泉（指人死后所往之地），不再相见。"意思是活着就再也不见了。

毒誓归毒誓，母子之情怎能说断就断？没有善待母亲，郑庄公反而被人指责，他对此也感到很苦恼。大臣颖考叔想到一个玩"文字游戏"的方法，他建议派人挖一条隧道，直到出现泉水，在该处建一个屋子，庄公便可和母亲在此处相见，这不就是"黄泉相见"吗？郑庄公感到大喜，并依计行事。

"地下室"建好后，郑庄公如愿与母亲相见，母子俩一见面便抱头痛哭，从此冰释前嫌（比喻人与人之间的矛盾被解除）。此后，武姜得到了很好的侍奉，而郑庄公也摆脱了不孝的罪名，再次成为为人称道的国君。

天子跌落神坛

故事主角：周桓王

故事配角：周平王、郑庄公、祝聃等

发生时间：公元前 707 年

故事起因：周桓王召集陈、蔡、虢、卫等国攻打郑国

故事结局：郑国大获全胜，周王朝颜面扫地，失去对诸侯国的控制

常言道："树倒猢狲（hú sūn）散。"对东周而言，周朝廷还在，各诸侯国就已经躁动不安了。在一代豪杰郑庄公的带领下，郑国先是平定了国内的叛乱，接着又在中原混战中成了大赢家，其势头不容小视。随着郑国频繁地表现自己，周平王也感到了些许危机。

想削弱郑庄公的权势，没有理由怎么办呢？周平王想出来一个自认为聪明的办法——以郑庄公忙于国内事务，无暇（xiá）顾及朝政为由，将郑庄公的部分职权转

交给了虢（guó）国国君。可周平王没有想到的是：国力弱小的虢国根本不是郑国的对手！

这种行为彻底惹恼了郑庄公，他赶到成周大闹一顿。周平王见郑庄公**气势汹汹**（形容态度、声势凶猛而嚣张），顿时泄了气，只能好言劝慰。为了表明对郑国的信赖，周平王只好表示愿意同郑国交换人质。郑庄公将自己的儿子公子忽留在成周，而周平王则派自己的儿子王子狐到郑国去。

公元前720年，周平王逝世，其孙子姬（jī）林即位，是为周桓王。周桓王年龄小，有着"初生牛犊不怕虎"的架势，对郑庄公很不客气。他一上台，就将周王室的政务全部交给虢国国君。这也让周郑关系迅速恶化。

按照周礼，新天子即位，诸侯应前往**觐**（jìn）**见**（朝见君主或官职较高的人）。而郑庄公三年之后才到成周朝拜周桓王。周桓王以极其冷淡的态度接待了郑庄公，怠慢而毫无礼法。而郑庄公也丝毫不把周桓王放在眼里。

公元前707年，周桓王以郑庄公长期不朝见天子为由，召集了陈、蔡、虢、卫等国的军队，亲自带兵一起攻打郑国。郑庄公也不甘示弱，率领军队迎战。

两军对阵中，周桓王又是派人大骂郑庄公，又是把军队摆出了"鸟阵雁行"之势，而郑庄公全然无视。等周朝军队士气低落时，郑庄公则挥动大旗，领兵果断出击。陈、蔡、虢、卫等国本来就不愿意为周朝卖命，在洪水般涌来的郑国军队面前，很快就败下阵来，死的死，伤的伤，四处奔逃。

周军的两翼被杀得大败，主力也随即陷入了郑军的重重包围之中。周桓王正要骑马突围，被郑国将领祝聃（dān）一箭射中肩膀，随后啊的一声跌落马下，差点一命呜呼，他只得忍痛负伤逃窜。这一箭，不仅将周天子射下了马，也将周王朝的权威射下了马。战斗以郑国的大胜而告终。

郑庄公见好就收，他并未对周军赶尽杀绝，相反还在夜里派人问候了周桓王。此战之后，各诸侯国更是不把周王室放在眼里，周天子已经对诸侯国没有任何威慑力了。

风水轮流转，霸主不好干

故事主角：郑昭公、郑厉公

故事配角：祭仲、宋庄公

发生时间：公元前 701 年—公元前 697 年

故事起因：宋国与郑国交恶，宋国联合其他国家进攻郑国

故事结局：宋国大获全胜，郑国蒙受羞辱

　　一代霸主郑庄公死后，在老臣祭仲的主持下，公子忽继任了父位，是为郑昭公，可是郑昭公命不好，这国君之位还没坐热乎就被迫退位了。

　　原来郑庄公的另一个儿子公子突，其母亲是宋国雍（yōng）氏家族之女。雍氏家族在宋国颇有势力，本来指望公子突能继位，进而为自己乃至宋国谋取更大的利益，但谁料最终是竹篮子打水一场空。

　　公子忽一即位，宋国有些撑不住了。没过多久，祭仲和公子突先后被骗到宋国并囚禁起来。宋国以死威胁

祭仲与他们结盟，并拥护公子突即位。在这生死时刻，祭仲害怕了，只得答应了宋庄公的无理要求。很快，在宋军的护送下，祭仲将公子突带回郑国立为国君，是为郑厉公。因为祭仲是庄公老臣，说话极有分量，又有宋国作为后盾，这个决定自然无人敢反对。郑昭公无奈之下，只得逃到卫国。

郑厉公即位后，宋国俨然以老大自居，频频向郑国索要财物。一次两次还能接受，次数多了，郑厉公也无法忍受。郑国和宋国的关系渐渐恶化了。此时的鲁国想从中调解，谁知宋国软硬不吃，

哼～

不行就支持他一下吧！小命要紧啊。

13

坚决不肯。几次无果后，自觉丢了面子的鲁国，一气之下转而同郑国结了盟，合力讨伐宋国。

郑庄公虽然不在了，但瘦死的骆驼比马大，郑国小霸王的余威尚存。两军交战，联军最终大获全胜。宋国哪肯善罢甘休，没过多久，就纠集齐国、卫国、陈国、蔡国一同攻郑。这一次，郑国寡不敌众，损失惨不忍睹。五国联军不仅烧了郑国城门，大肆劫掠财物，就连郑国太庙的木材都给拆了，拿回去修建宋国的城门。

此战过后，郑国丢失了牛首之地，更重要的是国家受到了极大的羞辱，真可谓是"三十年河东，三十年河西（比喻世事变化，盛衰无常）"，郑国作为霸主的时代就此一去不复返了。

醒木一响，评书开场！

品茶听书，为你讲述有滋有味的春秋传奇；

真真假假，权且当茶余饭后的谈资……

今天，我要给大家讲的是——棘刺刻猴！

棘刺刻猴

话说春秋时期有一位燕王，他有一大嗜好：喜欢收藏各种奇珍异玩。为了追求一件新奇的东西，他甚至不惜花重金购买。"燕王好珍玩"的名声不胫（jìng）而走。

有一天，一个卫国人到燕都求见燕王。他见到燕王后说："我听说君王喜爱珍玩，所以特来为您在棘（jí）刺的顶尖上刻猴。"燕王一听非常高兴。虽然王宫内有各种古玩真迹，可是还从来没有听说过棘刺上可以刻猴。因此，燕王当即赐给那卫人丰厚的待遇，并供养在身边。

随后，燕王对那卫人说："我想马上看一看你在棘刺上刻的猴。"那卫人说:"棘刺上的猴不是一件凡物,有诚心的人才能看得见。如果君王在半年内不入后宫、不饮酒食肉,并且赶上一个雨后日出的天气,抢在阴晴转换的那一瞬间去看刻有猴的棘刺,那时您就将如愿以偿。"燕王一听这些条件,自己也没办法照办,但又舍不得机会,只能继续将卫人养在宫中。

郑国有个铁匠听说了这件事,觉得其中有诈,于是去给燕王出了一个主意。这匠人对燕王说:"在竹、木上雕刻东西,需要有锋利的刻刀。被雕刻的物体一定要容得下刻刀的锋刃。我是一个打制刀斧的匠人,据我所知,棘刺的顶尖与一个技艺精湛的匠人专心制作的刻刀锋刃相比,其锐利程度有过之而无不及。既然棘刺的顶尖连刻刀的锋刃都容不下,那怎么进行雕刻呢?如果那卫人真有鬼斧神工之能,必定有一把绝妙的刻刀。君王用不着等上半年,只要现在看一下他的刻刀,就知道他说的话是真是假了。"

燕王马上派人将卫人召来,问道:"你在棘刺上刻猴用的是什么工具?"卫人说:"用的是刻刀。"燕王说:"我一时看不到你刻的小猴,想先看一看你的刻刀。"卫人说："请君王稍等一下，我到住处取来便是。"燕王和在场的人等了约一个时辰，还不见那卫人回来。燕王派人去找。结果发现，那卫人早已经溜出宫门，不知道跑到哪里去了。

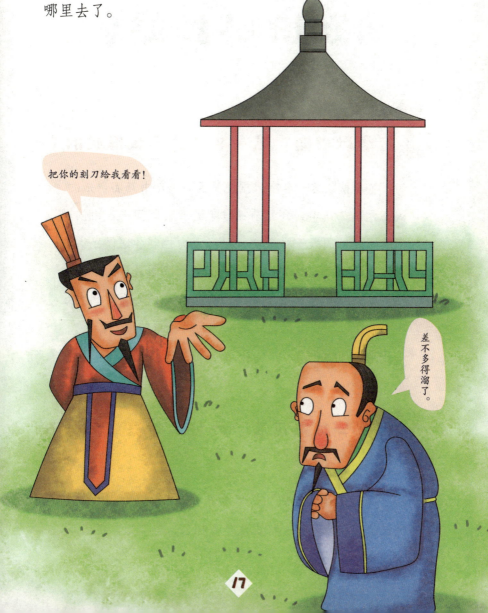

把你的刻刀给我看看！

差不多得溜了。

知识补给站

"春秋时期"这一名字是怎么得来的？

"春秋"这一名字，据说是因为一部书籍而得来的。从公元前 770 年到公元前 476 年近三百年间，各诸侯国相继崛起，周天子被架空，已经无力控制各诸侯了。这段时期是一个完整的历史时期，恰好我国最早的一部编年体史书《春秋》所记载的历史，与这段历史时间大致吻合，所以历史上把这个时期称为"春秋时期"。

郑庄公也很厉害，为什么不在"春秋五霸"之列呢？

关于"春秋五霸"，学术界有多种说法，其中有两种说法比较普遍，一种说法是齐桓公、晋文公、楚庄王、吴王阖闾、越王勾践；另一种说法是齐桓公、宋襄公、晋文公、秦穆公、楚庄王。

郑庄公虽然在春秋初期就成就了霸业，但郑庄公没有主持诸侯会盟，没有像其他霸主那样成为盟主。还有个重要原因，那就是郑国的霸业并没能稳住，郑国也没有持久的繁荣。因此历史上只称"郑庄小霸"，而没有将其列入"春秋五霸"。

春秋时期，主要使用哪种兵器呢？

春秋战国时期，剑最为盛行，也在社会上形成了一种风气，不仅军士佩剑，而且贵族、官吏也佩剑。君王以佩剑为爱好，除护身外，也常作为礼仪上的必备之物。在历史上，吴国吴王剑、"越王勾践剑"最具代表性。

第**2**章
"家道中落"的卫国

有言在先

　　周平王东迁时，卫武公曾出兵助周平戎。卫武公时，国力曾一度强盛，可谓顺风顺水，卫武公逐渐成为当时的诸侯首领之一。但到卫前庄公时，却埋了颗"定时炸弹"，卫前庄公因宠子州吁（xū），导致其死后出现了州吁之乱，使卫国遭受空前的危机。而荒唐无稽的卫懿公，更是痴迷养鹤，玩心不死，最终丧命荒野，把卫国一度推到了万丈深渊的边缘，差点亡国灭族。这之后的卫国，在动荡纷乱的时代倔强地存在着、残喘着……

姜还是老的辣

故事主角：石碏

故事配角：州吁、石厚、公子滑、陈桓公等

发生时间：公元前 719 年

故事起因：州吁弑君篡位，并发动对郑国的战争

故事结局：州吁与石厚二人被杀

　　卫国国君卫前庄公的夫人庄姜没有孩子，她便将卫前庄公另一位早逝的妾所生的庶子公子完视若己出。常言道"萝卜白菜，各有所爱"，但卫前庄公却喜欢一个不知名的宠妾所生的儿子——公子州吁，达到了"含在嘴里怕化了，捧在手里怕摔了"的程度。

　　由于卫前庄公没有**嫡**（dí）**子**（指正室所生之子），因此应该立**庶**（shù）**长子**（妾室所生之子称为庶子，其中年龄最大的称为庶长子）公子完为太子，可是州吁却

21

仗着卫前庄公的宠溺，成天舞刀弄枪，大有图谋继承国君之位的架势，久而久之，越发骄傲膨胀起来。

常言道"一山容不下二虎"。卫国的大夫石碏（què）看出了问题，便对卫前庄公说道："我听说，爱护子女，要有正确的教育方法。骄横、奢侈、荒淫、放荡，一个人走上邪路，都是从这四个方面开始的啊！"他建议，当今之计，应当赶紧明确储君的人选，否则容易酿成祸乱，可卫前庄公油盐不进，只把这些话当成了耳边风。

公元前735年，卫前庄公死了，公子完继承了国君之位，是为卫桓公。这时的州吁真的不高兴了，他开始招兵买马，收买人心，纠集了一大堆和他臭味相投的

这家伙真是啰唆~

人，其中就有石碏的儿子石厚。老父亲石碏管教过儿子几次，却毫无作用。结果，在州吁和石厚的密谋下，卫桓公被杀，州吁夺了君位。

此时国人不服，怎么办呢？州吁有了大胆的想法：进行扩张战争。可是从哪国下手呢？正当此时，公孙滑（共叔段之子）来到了卫国。州吁要打仗壮威，公孙滑要雪耻报父仇，二人是一拍即合。于是，州吁出兵讨伐郑国。几次讨伐，州吁连续打了胜仗。

胜仗归胜仗，百姓可不买账。百姓更因州吁的**穷兵黩（dú）武**（随意使用武力，不断发动侵略战争。形容极其好战），加深了对他的厌恶。无奈之下，他想到了石厚的老爹石碏，作为卫国的元老，石碏足智多谋，于是他便派石厚回家去请教。

石碏见到石厚竟一反常态，和颜悦色地和石厚深谈良久。他告诉石厚，要想稳定人心，就要见周天子，而想要面见周天子还有些困难。可以先去陈国拜见陈桓公，请他在周天子处美言几句更为妥善。

石厚随即回复了州吁。自以为得计的州吁便立刻同石厚动身前往陈国，哪知这是蚊子找蜘蛛——自投罗网。

州吁和石厚一到陈国，迎接他们的是全副武装的陈国士兵。州吁和石厚最终沦为陈国的阶下囚。

原来见石厚问计，石碏假意劝说州吁和石厚前往陈国，暗中却派人先行告知陈桓公，说这二人弑（shì）君篡位，请求陈桓公将其拿下送回卫国处置。陈桓公听从了这个建议。

卫国当即派人赴陈国将这二人杀死，接着又将在邢国作人质的卫前庄公另一子公子晋迎回，是为卫宣公。石碏为了结束动乱，不惜结果自己儿子的性命，也受到了后世的尊崇。

石厚，你老父亲怎么说的？

大王，我们可以去陈国。

24

你们杀错人了

故事主角：急子

故事配角：卫宣公（父亲）、宣姜、公子寿等

发生时间：公元前 701 年

故事起因：卫宣公和宣姜设计半路截杀急子

故事结局：急子和弟弟公子寿双双被杀，卫宣公在懊悔悲痛中死去

卫宣公在任期间，卫国整体还算安稳，谁知道他在统治后期，却做了一件十足的荒唐事，还给卫国带来了一场内乱。

卫宣公和夷姜所生的儿子急子是嫡长子。急子成年后，卫宣公为其迎娶了齐僖公的长女宣姜为妻。然而当新娘来到卫国时，卫宣公看到宣姜的美色，居然有些心动，起了取而代之的心思。他于是找了一个借口，借故派急子出使宋国，自己将宣姜娶做**继室**（指元配死后，丈夫

续娶的妻子）。

急子回国后，并未对父亲的这一举动有所不满。然而，闭门家中坐，祸从天上来。卫宣公与宣姜成亲后，又生了两个儿子，分别是公子寿和公子朔。急子原本的储君之位，就日渐不稳了。宣姜为了让自己的儿子成为国君，每日在卫宣公面前说急子的坏话，挑拨父子俩的关系。长此以往，有些不清醒的卫宣公，居然起了杀儿灭口的歹毒心思，欲另立宣姜之子。

明的不敢来，那就来暗的。为了达到目的，卫宣公和宣姜商量出一条毒计：先让急子出使齐国，暗中派刺客半路埋伏截杀，给人造成一种路遇劫匪的假象。急子不知道有祸，欣然前往。但宣姜的毒计，却被其子公子寿知道了。

公子寿虽然是宣姜的孩子，但从小与急子关系很好，虽然年纪相差甚远，又是同父异母，两人关系仍然十分融洽。

情急之下，公子寿连忙星夜出城，追上了毫不知情的急子，将事情的经过告诉了他，让他不要去齐国，赶快逃跑。谁知急子转不过弯，虽然知道了一切，却并不愿意违背父命。于是他拒绝了公子寿的提议，仍然打算前往齐国。

救兄心切的公子寿只得假意为哥哥送行，在席中将其灌醉，自己则乘急子的车队前行，慨然赴死，最终被刺客误认为是急子而将其杀害。

急子酒醒之后，发现公子寿和车队都不见了，也立刻猜到了是怎么回事，于是匆匆赶到事发现场，看到刺客刚刚杀死公子寿，正欲离开，急子大声喊道："你们杀错人了。我才是急子！"刺客见此，便索性将急子一同杀了，回卫国复命去了。

由于这一乌龙事件，卫宣公的阴谋还是败露了。卫国两公子相互友爱、视死如归的精神也被卫国人写进了《诗经》中，永为后世传唱。而卫宣公得知此事后，被急子和公子寿的行为所打动，为自己的行为懊悔不已，不久就在悲痛中死去。

卫懿公：玩的就是心跳

故事主角： 卫懿公

故事配角： 狄人、公子申、齐桓公等

发生时间： 公元前 660 年

故事起因： 卫懿公痴迷玩鹤，狄人趁机进攻卫国

故事结局： 卫国军队大败，卫懿公惨死，都城几乎被毁

公元前 668 年，各个诸侯国正打得火热之际，卫国的国君卫懿（yì）公正式登上了历史舞台。这位主子可不是省油的灯，他既不愿富国强兵，也不爱好扩张领土，他的爱好是养鹤。

卫懿公喜欢鹤的**卓尔不群**（超出寻常，与众不同）的外表和高傲优雅的姿态，以致卫国的大事小事全被他抛到了脑后。久而久之，在卫国宫廷中和都城附近的宫苑（yuàn）里，到处都有为卫懿公精心饲养的鹤，简直成了私人动物园。这还不算过分的，为了表示自己对鹤

的喜爱，卫懿公还特意给它们授予爵禄（官爵和俸禄），最上等的鹤与大夫同等，差一点的可以得到士的俸禄，还有专门的"鹤将军"。每次卫懿公外出游玩，就让这些鹤在车前引路，像威武的大将军一样。

狄（dí）人（先秦时的西北民族）听说卫懿公只知玩鹤，不理国事，就想趁机进攻。公元前660年，狄人大举南侵，直奔卫国而来。卫懿公赶快召集军队迎战，谁知将士们谁也不愿意作战。因为他们在战场上拼杀，即使立下功勋也很难获得爵位，而卫懿公却只会浪费财力物力给鹤封爵，于是将士们纷纷说道："派您的鹤将军去迎战吧！"卫懿公此时后悔莫及，只得命人放掉所有的鹤，勉强收拢人心集结军队，亲自披挂上阵。

狄人到来，卫懿公带人在都城朝歌的郊外与狄人作战，可是卫军军心不齐，又是仓促应战，很快就被打得丢盔卸甲，死伤惨重。卫懿公守着卫国的大旗不愿离去，最终被狄人分尸，命丧沙场，给自己的生命画上了残缺的句号。

狄人觉得不过瘾，于是大军攻入卫国都城，一番烧杀抢掠之后灭掉了卫国，有逃出去的卫人也遭到了狄人的追击。等到宋桓公闻讯赶来救援之时，幸存的卫人只剩下了七百三十人，加上共邑、腾邑的居民才凑够了五千人。卫懿公的堂兄公子申召集残余的百姓和仅余的大臣，在曹邑即位，史称卫戴公。

齐桓公一开始听说狄人进攻卫国，根本没有当回事，也没有发兵去救援的意思，谁知不久以后就听说卫国被狄人灭掉，卫懿公也死了，这才猛然感到后背发凉，发觉了事态的严重性。赶快派自己的儿子公子无亏出兵到曹邑去帮忙，后又赠送给卫戴公所需的乘马、祭服、牛羊猪鸡狗和一些建筑用的木材。得到了齐国的资助和护卫，卫国这才得以"起死回生"。

隋侯之珠

话说春秋时期，有一天，隋侯例行出巡封地。一路游山玩水，突然隋侯发现山坡上有一条巨蛇，被困在沙滩上打滚，头部受伤，流了很多血。由于伤势严重，巨蛇已经奄（yǎn）奄一息了。隋侯顿生怜悯（mǐn）之心，将它带回家中，为它包扎伤口，精心照料。几天以后，巨蛇的伤口愈合，渐渐恢复了健康，隋侯便将它放生。

一晃几个月过去了，隋侯出使齐国，半路中遇到一个小孩。小孩拦住隋侯的马车，从口袋中取出一枚硕

（shuò）大晶亮的珍珠，要敬献给隋侯。隋侯觉得很奇怪，就问原因。小孩执意不肯说，隋侯也坚持不肯收下这枚珍珠。

又过了几个月，隋侯再次例行出巡封地。一天中午，他在山间驿（yì）站休息。睡梦中，他又遇见了那个小孩，小孩跪倒在隋侯面前，含泪说："我就是您救的那条蛇，为了感谢您的救命之恩，我要将这枚世上最珍贵的珍珠送给您。"隋侯猛然惊醒，果然发现床头多了一枚光彩夺目的珍珠。

可怜的大蛇，来人呐，救蛇。

呕~

据说隋侯得到宝珠的消息传出后，立即引起了各国诸侯的垂涎（xián），经过一番较量，隋侯珠落入了楚武王的手里。后来，楚国被秦国所灭，隋侯珠又被秦始皇占有。秦灭亡后，天下大乱，隋侯珠从此不知去向。

知识补给站

卫国本是老牌诸侯国，春秋时为何衰落得如此之快？

在春秋初期，卫国算是一个中等强国。导致卫国衰落的重要原因有：卫国与郑国旷日持久的战争，使其国力陷入持续的消耗中，由一个二流国家沦为三流国家。除此之外，卫国内乱不断、国君昏庸、狄人趁机大肆入侵，都加速了卫国的衰落，甚至差点亡国。

鹤在中国文化中包含很多好的寓意，具体都有哪些？

鹤在中国文化中有崇高的地位，特别是丹顶鹤，是长寿、吉祥和高雅的象征。古人多用白鹤，比喻具有高尚品德的贤达之士，把修身洁行的人称为"鹤鸣之士"。鹤还是长寿仙禽，中国人称长寿白叟，也呼"鹤发童颜"，就连老人离世都以"驾鹤西游"代指。

 春秋时的卫国，诞生了中国第一位女诗人——许穆夫人。

　　许穆夫人是春秋时卫国朝歌（今河南省鹤壁市）人。她是卫国公族卫昭伯的女儿，长大后嫁给了许国许穆公，故称许穆夫人。她不仅是中国文学史上见于记载的第一位爱国女诗人，也是世界文学史上最早的爱国女诗人。《竹竿》《泉水》《载驰》等作品收录在我国第一部诗歌总集《诗经》中。

第**3**章

齐桓公称霸

有言在先

　　齐桓公，名小白，在齐国内乱时逃到莒国。大哥齐襄公和公孙无知死后，小白与公子纠展开了君位争夺，并最终用时间和智慧赢得君位，是为齐桓公。

　　在位期间，意气风发的齐桓公任管仲为相，推行改革，逐渐让齐国的家底丰厚起来。同时，他还多次召集宋、陈、蔡、邾、卫、郑等国诸侯盟会，如愿登上盟主宝座。为彰显盟主的风采，齐桓公还提出"尊王攘夷"的旗号，即尊重周王室，排斥夷狄。积极展开对外活动，北打山戎，南伐楚国，齐桓公逐渐成为中原霸主，受到周天子赏赐。可就是这样一位霸主，最后却处境凄凉，被活活饿死，不禁令人唏嘘，留给历史一声长叹！

"装死"是一种智慧

故事主角：齐桓公

故事配角：鲍叔牙、管仲、公子纠等

发生时间：公元前 685 年

故事起因：齐国国君之位虚悬，公子小白与公子纠争夺君位

故事结局：公子小白如愿登上君位，是为齐桓公

公元前 685 年的一天，从莒（jǔ）国（今山东莒县）到齐国都城临淄（今山东淄博）的路上，烟尘滚滚，人疾马嘶，几十辆隆隆作响的兵车正飞快地向西北方向驶去。一个穿白袍的年轻人在兵车上紧握扶手，焦急之情写在脸上。他右边面目忠厚的中年人，手持长戈，亦是一脸紧张。年轻人是公子小白，而那名中年汉子叫

作鲍（bào）叔牙，是公子小白的陪臣。他们共同的目标是齐国虚悬的国君之位。

齐国爆发内乱后，齐襄公死在了堂弟公孙无知手里，而后者旋即又被雍林之人袭杀。雍林之人也只是为了报仇，并非政变，因而国君之位出现了空缺。

过了这个村，就没这个店。这次争夺国君之位，小白是志在必得，但竞争对手公子纠也不甘示弱。正当兵车**风驰电掣**（形容非常迅速，像风吹电闪一样）疾行之时，谁料半路杀出个程咬金，一彪军队拦住了他们的去路，为首的正是鲍叔牙的好朋友管仲。但此时今非昔比，他已经追随公子纠了。

小白虽然抢先得知了齐国近况，但身在鲁国的公子纠随即也得知了公孙无知身死的消息。足智多谋的管仲认为，小白必然已经提前动身，此时护送公子纠直接回到齐国为时已晚，只能半路拦截。

老友相见，却各为其主。管仲冲着小白一拱手，笑着问道："不知公子这是要去哪里啊？"小白未及答言，鲍叔牙厉声叱道："兄弟你别废话！我家主公的事，不劳你费心！"

管仲满面笑容地说："既如此，我就先行告退了。"说罢，调转兵车正待要走。谁知他暗下毒手，忽然扭回身来，弯弓搭箭，冲着小白"嗖"的一声射去。只见小白"啊"的一声翻落马下，口吐鲜血，不知是死是活。鲍叔牙等人顿时乱作一团，纷纷去救小白，顾不得管仲等人。管仲哈哈大笑，带领兵车扬长而去。

原来这一箭恰好射在了小白的带钩上，小白急中生智，咬破自己的舌头，造成已死的假象，并骗过了所有人。等管仲一走，他就"活"了过来，同鲍叔牙抄小路赶回了齐国，并顺利即位，是为齐桓公。

小白做了国君，鲍叔牙举荐管仲，小白念念不忘一箭之仇，鲍叔牙劝道："难得的是臣下忠于其主啊，如果你重用了管仲，以他的忠心和才能，可以替你射得天下。"在鲍叔牙的力荐下，齐桓公最终决定不计前嫌，任用管仲为相。

斗鸡人士的光荣史

故事主角：曹刿

故事配角：鲁庄公、齐桓公、鲍叔牙等

发生时间：公元前 684 年

故事起因：齐桓公派兵攻打鲁国

故事结局：在曹刿的指挥下，鲁国军队大胜

公元前 684 年，齐桓公派兵攻打鲁国。鲁庄公对总欺负他们的齐国忍无可忍，决心跟齐国决一死战，死磕到底。有个鲁国的斗鸡人士曹刿（guì）去见鲁庄公，要求参加战争，并给鲁庄公提出了战争的对策。曹刿请求跟鲁庄公一起到战场上去，鲁庄公同意了他的请求。

齐鲁两军在长勺（今山东济南莱芜区）摆开了战场。"咚咚咚……"鲍叔牙让士兵将战鼓擂得震天响。按照春秋时期的作战方法，双方先擂鼓激发士气，然后出兵交战。齐国仗着人多势众，随后发起了攻击。鲁庄公正要擂鼓迎战，却被曹刿阻止；见鲁军不应战，齐军只好再次擂鼓，曹刿却不接招；齐军擂鼓都擂累了，而鲁国士兵也急得跺脚了。短暂休整后，齐军又擂响第三通鼓，此时曹刿振臂一挥，说："可以反攻了。"此时憋足了劲儿的鲁军个个如猛虎下山，冲向敌阵。

已经有些泄气的齐军兵士，面对勇猛的鲁军，没有丝毫的心理准备，很快就败下阵来。鲁庄公有些着急，欲下令紧追。曹刿说："且慢！"他登上一辆战车远眺（tiào）齐军，只见齐军战车乱行，战旗东倒西歪，知道齐桓公这次是真败了，而不是诈诱鲁军深入齐军营地，于是跳下车对鲁庄公说："可以追击了。"庄公下令实施追击，鲁军争先恐后，一鼓作气把齐军赶出了鲁国，取得了一次大胜。

鲁军反攻胜利后，鲁庄公对曹刿**镇定自若**（指面对灾难时的冷静表现）的指挥暗暗佩服，可心里却想不明白到底是怎么赢的。回到宫里后，他先慰问了曹刿几句，接着说道："齐军头回击鼓，你为什么不让我出击？"

曹刿说："打仗这件事，全凭士气。对方擂第一通鼓的时候，士气最足；第二通鼓，气就松了一些；到第三通鼓，气就已经泄尽了。对方泄气的时候，我们的兵士却鼓足士气，这时我们擂鼓出击，哪有不赢的道理？"
鲁庄公这才反应过来，称赞曹刿的见解高明。

弟兄们，冲啊～

楚国难为"无米之炊"

故事主角： 管仲、齐桓公

故事配角： 隰朋、楚王等

发生时间： 具体年份不详

故事起因： 楚国为齐国争霸的对手，齐国
决定买鹿制楚

故事结局： 楚国国内因断粮大乱，三年后屈
服于齐国

在齐桓公争霸的路上，楚国无疑是拦路虎，也是齐桓公心中举不动还放不下的一块"大石头"。硬碰硬，没有把握。既然硬的不行，那就来软的。

齐桓公问管仲："楚国是强国，老百姓精通格斗。我们要举兵打楚国，恐怕打

不过。这该怎么办呢？"管仲说："大王您别着急，咱们出高价买他们的鹿吧。这一招保准管用。"

齐桓公于是派人到楚国购买活鹿。当时楚国活鹿的市场价格为八万钱一头，管仲让齐桓公派中大夫王邑带了两千万钱去楚国大量"扫货"。

楚王一听有这好事，高兴得两眼放光。对其宰相说："要说这鹿，咱们多的是。现在齐国送上门来的买卖，咱们怎能不做呢。赶快发布命令，让老百姓赶紧捕捉活鹿，越多越好，尽快把齐国手上的钱换来！"

把鹿抓光，都卖给齐国，哈哈哈

为加大宣传，管仲还**煞有介事**（指装模作样，活像有那么一回事似的）地对楚国的商人说："你能给我弄来二十头活鹿，我就赏赐你黄金百斤；弄来两百头，你就可以拿到千斤黄金了。楚国就算不向老百姓征税，也够用了。"于是楚国上下都轰动了。老百姓农活也不干了，漫山遍野地去捕捉活鹿。这个时候，管仲让大臣隰（xí）朋悄悄地在齐、楚两国的民间收购并囤（tún）积粮食。楚国靠卖活鹿赚的钱，比往常多了五倍；齐国收购囤积的余粮，也比往常多了五倍。

看到楚国已经中计，管仲对齐桓公说："好了，这下我们可以安心去攻打楚国了！"齐桓公问："为什么？"管仲回答："楚国拿了比往常多五倍的钱，却误了农时，粮食又不是几个月时间就可以收割的，楚国到时候一定会去买粮食的。到那时我们封锁边境就行了。"

齐桓公恍然大悟，于是下令封闭与楚国的边境。结果楚国的米价疯涨，手里有钱却吃不上饭，楚国国内彻底乱了套，楚王派人四处买米，都被齐国截断，逃往齐国的楚国难民多达本国人口的十分之四。楚国至此元气大伤，三年后不得不向齐国低头屈服。

老马救齐王

故事主角：齐桓公

故事配角：燕庄公、管仲、黄花、山戎军队等

发生时间：公元前 664 年

故事起因：山戎军队大肆进攻燕国，齐国前去营救燕国

故事结局：齐桓公等走出迷谷，山戎残部和孤竹国被灭

公元前 664 年，曾经骚扰齐国的老对手**山戎**（春秋时期北方的一支少数民族）南下，位于北方最前线的燕国**首当其冲**（比喻最先受到攻击或遭到灾难），大片国土沦陷敌手，国都被围，燕庄公急得如热锅上的蚂蚁，只能派人到齐国去求救。

得到求救信息，志在称霸中原的齐桓公自然不会袖手旁观，他决定亲率大军出征解救燕国。听说齐桓公亲率大军前来，山戎军队很是害怕，收拾起战利品**逃之夭夭**（表示逃跑，是诙谐的说法）。

见山戎逃窜，齐桓公便召来管仲问计，管仲说："山戎不战自退，实力没有什么损失，极易再杀个回马枪。听说山戎首领残暴，如今其军心不稳、人心不齐，如果齐、燕两国合力追击，定可直捣其巢穴，歼灭其主力，以绝后患。"

齐桓公听了深觉有理，找到燕庄公商议此事，二人一拍即合，又联络了同样与山戎有仇的邻国无终国，一起率领部队追击山戎军队。此时山戎将士们满载而归，正高高兴兴地准备带着战利品回家享受，谁知被齐燕联军衔尾追来，只得仓促迎战，结果被打得毫无招架之力，四处逃窜。

山戎首领率领残部逃到了孤竹国，并且将自己从燕国掠夺来的财物献给孤竹国主，以此换取孤竹国的援助。孤竹国主收下了财物，便派出了大将黄花率军支援山戎军同齐燕联军作战。经过一番激战，山戎和孤竹军大败。

见势不好，黄花动起了歪心眼，决定使诈降计——将齐燕联军引入沙漠中的迷谷里。那里没有水，而且路途难辨，没有向导的话很难走出来，故称"迷谷"。齐燕联军如果进入了迷谷，一定会在里面渴死。

为了不使齐桓公起疑心，黄花杀掉了献出重金前来投靠的山戎国主，带着他的首级去见齐桓公。黄花在齐桓公面前谎称孤竹国君已经率部逃走去寻找救兵，并且表示自己要带领齐燕联军去追击孤竹国君，以除后患。

　　齐桓公见黄花带来了山戎国主的首级，于是便轻信了黄花的话，率领大军继续北上。谁知进入沙漠之后，一个不小心，黄花的部队就消失得无影无踪，只剩下齐燕联军在迷谷中不辨方向地乱转，将士们得知在沙漠中迷失了方向，十分恐慌。

　　危急时刻，管仲想起了老马大多识得路途，于是建议齐桓公挑选几匹无终国从山戎那里得来的老马，放在军队前方带路。此时大军几乎已经陷入绝境，齐桓公也想不出什么更好的办法，就听从了管仲的建议，让大军跟在老马后面行军，不久以后果然走出了迷谷，并很快灭掉了山戎残部和孤竹国，消除了山戎对中原的威胁。

　　从此之后，燕国成为齐国比盟友更加忠实的邻国，而齐桓公也在诸侯之中声望日隆。随着齐国的日渐强大，齐桓公最终登上了霸主的宝座。

被活活饿死的霸主

故事主角：齐桓公

故事配角：管仲、易牙、竖刁、开方等

发生时间：公元前 643 年

故事起因：晚年的齐桓公贪图享乐，宠信奸佞之臣

故事结局：易牙、竖刁堵塞宫门，齐桓公被活活饿死

公元前 645 年，听说管仲病重垂危，齐桓公不顾自己年事已高，亲自到管仲府上探望。

一番**寒暄**（见面时的应酬话）慰问之后，齐桓公问管仲："依你看来，谁可以接替你的相位？"

管仲谨慎地说："没有谁比您更了解臣子，您比较看好谁呢？"

齐桓公属意鲍叔牙，管仲诚恳地说："鲍叔牙是君子，但他过于善恶分明，这样是不可以为相的。"

齐桓公就问："易牙怎样？"这个易牙善于烹饪，

是齐桓公的宠臣，有一天齐桓公胃口不好，只说："什么美味佳肴都吃腻了，就想尝尝蒸婴儿肉是什么滋味。"于是易牙就将儿子杀了给齐桓公做菜。

管仲摇了摇头说："这个易牙为了讨好国君，竟然不惜烹了自己的儿子，这样毫无人性之人，不宜为相。"

齐桓公又问："开方如何？"开方是卫懿公的庶长子，当年齐桓公讨伐卫国，卫懿公便派他带上礼物到齐国去求和。开方见齐国国力鼎盛，便留在齐国做官，十五年没有回国。后来卫国被狄人所灭，卫懿公死无全尸，开方却无动于衷，继续留在齐国侍奉齐桓公。

管仲答道："卫公子开方舍弃了卫国太子之位，屈奉国君十五年，连他的父亲去世都不回去奔丧，如此无情无义之人，如何能真心忠于国君？"

齐桓公又问："那么竖刁怎样？他宁愿自残身肢来侍奉寡人，这样的人难道还会对我不忠吗？"竖刁是齐桓公宠信的宦官，当初齐桓公四处寻找能人管理后宫事务，竖刁听说后就自行阉割，入宫服侍齐桓公。

管仲担忧地说："不爱惜自己的身体是违背常理的，这样的人又怎么能真心忠于您呢？请国君务必远离这三个人。"

最终，管仲将隰朋推荐给了齐桓公，并说隰朋忠君爱国、为人厚道，很有责任心。齐桓公想了想，就同意任用隰朋为相。

管仲去世后，齐桓公按照管仲临终前的嘱托驱逐了易牙、竖刁、开方等佞（nìng）臣（奸邪谄媚的臣子）。但此时的齐桓公已七十多岁了，每天只顾贪图享乐，骤然失去了这几个弄臣，只觉得自己每天都食不知味。于是齐桓公很快就派人将他们召回来，从此迷失在了奸佞之臣的甜言蜜语之中。

公元前 643 年，年迈的齐桓公得了重病，他的五个儿子开始为夺取国君之位而公开斗争。易牙、竖刁见齐桓公将不久于人世，就堵塞宫门，假传君命，不许任何人进去，连食物和水都不许送。有一个宫女偷偷翻墙进入齐桓公的住处，饿了几天的齐桓公见到她大喜过望，急切地索要食物和水。宫女说："我没有食物也没有水，如今易牙、竖刁作乱，堵塞了宫门，不许出入，哪里还有食物呢？"

齐桓公听了慨然长叹，流下了悔恨的泪水："我悔不听仲父之言，如果他泉下有知，我有何面目去见他啊！"
说罢，用衣袖遮住脸。不久，竟活活饿死了。

醒木一响，评书开场！
品茶听书，为你讲述有滋有味的春秋传奇；
真真假假，权且当茶余饭后的谈资……
今天，我要给大家讲的是——伯乐与千里马！

伯乐与千里马

　　传说，春秋时期，伯乐受楚王的委托，帮他购买日行千里的骏马。可是，伯乐花了大半年时间，跑了好几个国家，还是没有找到可以称得上日行千里的好马。

　　这一天，伯乐从齐国返回，在路上，看到一匹马拉着盐车，很吃力地在陡坡上行进。马累得呼呼喘气，每迈一步都十分艰难。伯乐向来喜欢跟马近距离接触，于是就走到了马的跟前。拉车的马见到伯乐后，突然昂起头来，瞪大着眼睛大声嘶鸣，仿佛在诉说着什么。而伯乐一听它的嘶鸣声，再看它通灵性的样子，就已经断定，这是一匹难得的千里马。

伯乐于是对驾车的人说："这匹马在疆（jiāng）场上驰骋（chěng），任何马都比不过它，但用来拉车，它却

这绝对是匹好马。

不如普通的马。所以，请求你把它卖给我吧，我愿意出三倍的价钱买下它。"驾车人很爽快地同意了。

伯乐牵着千里马回到了楚国。见到楚王，伯乐很骄傲地向他介绍千里马。可是楚王一见这匹马瘦得不成样子，以为伯乐愚弄他，脸上露出很不高兴的表情。

伯乐连忙解释说："这确实是匹千里马，只是它拉了一段时间的车，主人喂养又不精心，所以看起来很瘦。只要精心喂养，不出半个月，一定会恢复体力。"

楚王一听，有点儿将信将疑，便命马夫尽心尽力把马喂好。果然，半个月后，这匹马变得精壮神骏。楚王跨马扬鞭，但觉两耳生风，不知不觉间，已跑出百里之外。后来，这匹千里马驰骋沙场，为楚王立下不少功劳。

知识补给站

在"春秋五霸"中，齐国为什么能第一个称霸中原呢？

　　齐国的创立者为吕尚（姜太公），创国之初就颇受周王室的倚重与信赖。齐国当时就已经初具大国规模。与此同时，周王室远在关中，便赐予齐国在东方的征伐之权，即意味着齐国可以名正言顺地扩张，发展空间特别大。齐桓公时，经管仲的变革，齐国日渐繁盛。这些都决定了齐国拥有最先称霸的先决条件。

在古代的战争中，为什么要擂鼓？

　　古代军队擂鼓是有特定意义的，一般来说，"闻鼓声而进，闻金声而退"。古代属冷兵器时代，战场指挥主要靠旗帜和声音。由于牛皮大鼓的声音整齐沉重，传播距离远，所以被选中为冲锋发起信号。另外，击鼓也有振奋士气和快速传达军令的作用。

老马为什么能识途？

马的脸很长，鼻腔也很大，嗅（xiù）觉神经细胞也多，这样就构成了比其他动物更发达的"嗅觉雷达"。这个"嗅觉雷达"不仅能鉴别饲料、水质的好坏，还能辨别方向、寻找道路。马的耳翼很大，耳部肌肉发达，转动相当灵活，位置又高，所以听觉非常发达。马通过灵敏的听觉和嗅觉等感觉器官，对气味、声音以及路途形成牢固的记忆，因此能够识途。

第4章

晋国的辉煌时代

有言在先

当一代霸主齐桓公归于尘土后，齐国开始衰落下来，接下来谁将成为接替者，一时充满了悬念。

晋国作为当时的大国，自然不会错过这样的大好机会。晋国开始蠢蠢欲动，不断扩张地盘，很多小国随即遭遇了灭顶之灾。为了拉近与邻近大国的关系，晋国和秦国开始实行和亲，开启了秦晋之好的历史佳话。晋文公重耳，文治武功兼备，即位后广纳贤才之士，对外大败楚军，并召集齐、宋等国会盟，一步步成为了春秋第二位霸主。晋文公去世后，晋襄公精心守护着父亲开创的霸业，相继大败秦国、狄国和楚国，将晋国霸业推向了历史的巅峰。

不按套路出牌的晋献公

故事主角： 晋献公

故事配角： 荀息、虞公、里克、宫之奇等

发生时间： 公元前 655 年

故事起因： 晋献公想灭掉虞国和虢国，趁贿赂虞公而借道伐虢

故事结局： 晋献公相继灭掉虢国和虞国

晋献公在位时，盯上了邻近的两个国家，它们分别是虞（yú）国和虢（guó）国。晋国虽然强大，但是多年来始终不能消灭这两个国家，原因就是这两个国家有很亲近的关系，晋国不论攻打其中的哪一个国家，另一个国家总会出兵相助，结果就是双方都讨不到便宜。

晋国大臣荀（xún）息向晋献公献上一计。他说，要想攻占这两个国家，必须要离间它们，使它们互不支持。虞国的国君贪得无厌，我们可以投其所好。他建议晋献公拿出心爱的两件宝物，即良马和美玉送给虞公。晋献公哪里舍得！荀息说："大王放心，只不过是让他暂时保管罢了，等灭了虞国，一切不都又回到您的手中了吗？"晋献公依计而行。虞公得到良马美玉，高兴得合不拢嘴。

万事俱备，只欠东风。公元前655年，晋国故意在晋、虢边境制造事端，找到了伐虢的借口。晋国要求借道虞国伐虢，虞公拿人家的手短，只得答应。虞国大臣宫之奇再三劝说虞公，这件事办不得。虞、虢两国，唇齿相依，唇亡齿寒，虢国一亡，晋国是不会放过虞国的。此时的虞公，谁的话都听不进去了。

晋国大军通过虞国道路，攻打虢国，经过四个月取得了胜利。班师回国时，把劫夺的财产分了许多给虞公。虞公更是大喜过望。这时，晋军大将里克装病，称不能带兵回国，暂时把部队驻扎在了虞国京城附近。虞公竟然毫不怀疑。

几天后，晋献公亲率大军前去，虞公大张旗鼓地出城相迎。晋献公约虞公前去打猎，虞公欣然答应。不一会儿，只见京城中起火。虞公赶到城外时，京城已被晋军里应外合强占了。就这样，晋国又灭掉了虞国。

从 "逃犯" 到国君

故事主角：重耳

故事配角：晋惠公、晋怀公、秦穆公、寺人披等

发生时间：公元前 636 年

故事起因：晋怀公人心尽失，重耳借助秦军回国夺君位

故事结局：晋怀公死于非命，晋文公登上君位并稳固政权

重耳的老爸是晋献公，晋献公宠爱妃子骊姬，想把骊（lí）姬生的儿子奚齐立为太子。后来晋献公年纪大了，便狠了狠心，将原来的太子申生杀了。申生一死，晋献公的另外两个儿子重耳和夷（yí）吾都感觉要大祸临头，便慌忙跑路了。

晋献公死后，夷吾得以回国并夺取了君位，是为晋惠公。夷吾又感到留着重耳是个祸害，便想除掉重耳，重耳不得不继续逃难。晋惠公死后，太子圉（yǔ）做了君主，是为晋怀公。而此时重耳还在逃亡，并最终逃亡

到秦国。

晋怀公即位后，很没有安全感，便命令将追随重耳的大臣们都召回来，否则就杀其全家。重耳的外祖父狐突不愿意召回狐毛、狐偃（yǎn）两个儿子，就被晋怀公杀害了。

狐突一死，晋怀公彻底戳了马蜂窝，把众大臣都惹急眼了。他们更加与晋怀公离心离德，希望重耳能够回国。很多大臣暗地里派人劝重耳回国，并答应在晋国做内应。

公元前 636 年，秦穆公亲自率军护送重耳回国。重耳带领秦国的军队进入晋国境内之后，晋怀公也慌忙派出了军队进行抵抗，然而士兵们都不愿意打仗。秦军**势如破竹**（比喻节节胜利，毫无阻碍），逼近国都，晋怀公见势不妙，便逃走了，后被重耳派去的人杀死。重耳名正言顺地登上了国君之位，史称晋文公。

大王虽然被杀死，但小喽啰们还在。一些晋

惠公和晋怀公的死党，担心晋文公会清算他们，于是决定先下手为强，想在晋文公的宫殿中放火，趁乱杀死晋文公，还找来了当年晋献公派去刺杀重耳的刺客寺人披。寺人披随即就去求见晋文公报告此事。

晋文公还记得这个仇，因此不愿意见他，还派人去骂他："当年献公命你杀我，给了你三天时间，结果你两天就到了，虽然这是国君的命令，但你也太急不可耐了吧？"

寺人披笑了，他说："遵从国君的命令是自古有之的制度，除掉国君厌恶的人，身为臣子，唯当尽力而已。如果您一味追究旧事，那么曾经对不起您的大臣太多了，又岂止我一个？"

晋文公觉得非常有道理，便召见了他。而后，晋文公悄悄地找到秦穆公商议此事，二人决定依计行事。到了寺人披所说的日子，晋文公的宫殿果然燃起了大火，那些死党想趁乱进入宫殿寻找晋文公，可是却怎么也找不到。他们一路追寻到黄河岸边，秦穆公早已设下埋伏，将他们一举擒杀。晋文公至此清剿了敌人的残余势力，稳固了自己的地位。

敬酒不吃吃罚酒

故事主角：晋文公

故事配角：楚成王、子玉、狐偃、周襄王等

发生时间：公元前 633 年

故事起因：楚国攻打宋国，晋国出兵救宋

故事结局：晋军于城濮之战中大败楚军，晋文公会盟称霸

公元前 633 年，楚国带领陈国、蔡国、郑国、许国等攻打宋国。一对多，宋国有些招架不住，便向晋国求救。想要称霸中原的晋文公，自然不会放弃这一表现机会，决定出兵营救。

想要打败楚国，必须先解决掉楚国的附属国曹国和卫国。于是晋军向这两个国家最先发起攻击，并很快擒住了两国国君。晋文公以为楚军必然弃宋北上营救。哪知楚国却不上当，宋再次向晋告急。

这时元帅先轸（zhěn）有了良策，他主张让宋国给齐、秦两国点好处，由齐、秦出面劝楚罢兵。但结果是楚国

不听齐、秦劝解，继续围宋。齐、秦觉得楚国太不给面子，于是宣布与晋国结盟抗楚。

好汉不吃眼前亏，楚成王见晋军实力非比寻常，而又结盟齐、秦，形势已开始对自己不利，就命令楚军撤回。

但骄傲自负的子玉对楚成王之言不以为然，坚持要与晋军决一死战。子玉先派人要求晋军释放卫、曹两国国君。晋文公却暗地通知这两国国君，答应恢复他们的君位，条件是跟楚国断交。曹、卫两国国君真的这么做了。

子玉知道后，气得哇哇大叫。

一怒之下，他率领全军直奔晋

大王，不能再起战争啦！

66

军大营。楚军一进军，晋文公立刻命令军队后撤。这让许多晋军官兵丈二和尚摸不着头脑。大臣狐偃解释说，当初楚王曾经帮助过主公，主公在楚王面前许过愿：万一两国交战，晋国会退避三舍（比喻对人让步或回避）。今天后撤，就是为了报答恩情。

子玉见晋军不战而退，以为晋文公害怕了，更加大胆地紧追。晋军不断退，楚军不断进，直到了城濮（pú）。

既然你不仁，别怪我不义。面对楚军的得寸进尺，晋文公派人对子玉说："如果你们一定要打，就别怪我不客气了。"楚军此时极度傲慢，丝毫不理会。很快，晋军在城濮屯兵，齐、秦两军和刚被解围的宋军赶来会合。

晋军率先向楚军发起攻击，楚军的两翼很快被消灭。情知无力挽回残局，子玉无奈令中军脱离战场，才没有使全军覆灭。子玉带着残将败兵向后败退，因感觉很没面子，于是就在半路上自杀了。

晋国打败楚国的消息传到周都洛邑，周襄王和大臣都认为晋文公立了大功。晋文公趁机约了各国诸侯开了个大会，订立了盟约。这样，晋文公就成为盟主，并逐渐赢得了中原霸主地位。

晋文公做法官

故事主角：晋文公

故事配角：卫成公、元咺、叔武、宁武子、针庄子、士荣等

发生时间：公元前 632 年

故事起因：卫成公滥杀无辜，大臣元咺向晋国求助

故事结局：卫成公被送到京师囚禁，元咺回国立公子瑕为国君

城濮之战中，卫国彻底与楚国闹翻了，卫成公更是得罪了晋文公。得知楚军大败、晋军大胜的消息，卫成公害怕极了，便逃到陈国避风头去了。这时晋文公向各国诸侯发出参加盟会的邀请，卫成公本来就担心晋国会报复，更担心自己一去就被杀掉，于是只好派大夫元咺（xuān）和自己的弟弟叔武去参加盟会，而把元咺的儿子角留在身边。

算盘打得倒是挺好，可是不久以后，有人对卫成公说："元咺已经立叔武做国君，您被抛弃了。"卫成公顿时怒火中烧，也不问青红皂白，便命人处死了角。元咺听

说儿子被杀，肯定非常愤怒，但此时卫国尚处于危机之中。他只能擦干眼泪、强忍悲痛，继续执行自己的任务。卫国人本来就已经对卫成公十分不满，听说他在流亡中还如此滥杀无辜，更没有谁愿意继续为他效力，于是卫国人想另立国君。

为了安抚人心、稳定局势，卫国大夫宁武子召集集会，诚恳地说："上天降祸于卫国，才会有君臣失和的事发生。但是请诸位扪（mén）心自问（摸着胸口，自己问自己），如果国内无人留守，谁来守卫国家？如果无人出使国外，

您被抛弃了。

你说什么？

谁来安定我国周边？如今我与各位盟誓，从今以后，在外出使者不必担心后方会背叛，留守国内者也不必担心会有莫须有的罪名，如违此誓，天打五雷轰！"听了宁武子的话，卫国人果然放下了忧虑。

但流亡陈国的卫成公并不知道这一切，他听说元咺辅佐叔武篡位之事，就匆匆往回赶。叔武听说国君回来了十分高兴，连忙迎接。卫成公身边的人一直以为叔武已夺了国君之位，见他出来，便提起弓箭将叔武射杀了。

叔武死后，卫成公才发现原来弟弟并没有篡位，还欣喜地跑出来迎接自己回国。可是此时大错已经铸成，看着血流满地的弟弟的尸体，想起弟弟刚才兴高采烈的笑脸，卫成公肝肠寸断，伏在叔武的大腿上放声痛哭。

元咺见叔武无辜被杀，担心卫成公会再来杀死自己，于是便逃到了晋国求助。这时晋文公正在大会诸侯，便派人请来卫成公与元咺对质解决此事，卫国的大夫宁武子、针庄子与士荣代表卫成公做辩护。但这三位"律师"并没有帮助卫成公胜诉，晋文公主持的诸侯公审判决卫成公败诉，并将卫成公抓起来送到京师囚禁，然后放元咺回国，另立公子瑕为国君。

虎父无犬子

故事主角：晋襄公

故事配角：先轸、秦穆公、孙昭子等

发生时间：公元前 628 年

故事起因：趁晋文公去世，秦国和狄人先后攻打晋国

故事结局：晋国在崤山打败秦国，而后击败狄人和卫国

公元前 628 年，一代霸主晋文公结束了他跌宕起伏的一生。传说，在送晋文公的灵柩（líng jiù；装有尸体的棺木）前往晋国的发源地曲沃之时，灵柩中突然发出像牛叫一般的声音。占卜的人仔细倾听后，向慌乱的众大臣们宣布："国君有令，将有军队自西而来途经我国，迎战必获大胜！"不管故事是真是假，这个晋文公"死后"发布的命令，预见了晋国未来南征北战的局面。

晋文公走了，他的儿子驩（huān）继位，史称晋襄公。晋文公刚离世，秦穆公便想趁火打劫，准备攻打郑国，路

上受阻之后又回军灭了滑国。晋国大夫先轸听说后，找到晋襄公说："郑国、滑国都是我们的同族，我们的先君也与秦国国君交情不浅。但现在先君去世，秦君不仅不为我们伤感，反而攻打与我们同姓的国家，这怎么能行？"面对秦穆公的野心，晋襄公只能下令准备作战。

不久，秦晋两国军队在崤（xiáo）山进行了一场热战，晋国军队大获全胜，还活捉了秦国的三位将领——孟明视、西乞术、白乙丙。哪知晋襄公的母亲听说秦国三名大将被抓，对晋襄公一顿批评，晋襄公只能将他们放了回去。

福无双至，祸不单行。狄人知道晋文公去世，也动起了歪心眼，认为晋国一定会衰落下来，中原定会群龙无首。于是出兵齐国，接着又攻击晋国。晋襄公一听，这还了得？他率军亲征，最终将狄军打得七零八落。

打败了秦国和狄国以后，晋国开始对老牌竞争对手楚国发出了挑战。当然，晋国并没有远道奔袭楚国，而是进攻了归附楚国的许国。楚国也不是好惹的，开始进攻投靠晋国的陈、蔡二国，迫使晋军回军来救。经过一番混战，晋国和楚国都退了军，谁也没有占到便宜。

而后，晋襄公将矛头转向了与狄国结盟、还小动作不断的卫国。晋国军队势如破竹，不仅攻占了卫国的土地，还活捉了守将孙昭子。卫成公这才知道晋襄公的厉害，只好求陈国国君代为周旋，这才解决了危机。

晋文公去世后，儿子晋襄公不仅顺利继位，而且很快掌控了国内各方势力，拿捏得"稳、准、狠"，并运用晋国强大的军事力量使四方宾服，将晋国的霸业维系下去。

醒木一响，评书开场！
品茶听书，为你讲述有滋有味的春秋传奇；
真真假假，权且当茶余饭后的谈资……
今天，我要给大家讲的是——清明节的由来！

清明节的由来

话说早在重耳逃亡时，经常食不果腹、衣不蔽体。有一年，重耳等人逃到卫国，一个随从偷光了重耳的余粮，逃入深山。重耳无粮，又累又饿，再也无力站起来。当向农夫乞讨时，不但没要来饭，反被农夫们用土块当成饭戏谑（xì xuè；用逗趣的话开玩笑）了一番。

重耳都快饿晕了，为了让重耳活命，介子推到山沟里，把自己腿上的肉割了一块，与采摘来的野菜同煮成汤给重耳。重耳吃了后，渐渐恢复了精神，当重耳发现肉是介子推从自己腿上割下来的时候，流下了眼泪。

74

十九年后，重耳做了国君，也就是历史上的晋文公。即位后的晋文公重赏了当初伴随他流亡的功臣，唯独忘了介子推。很多人为介子推鸣不平，劝他面君讨赏，然而介子推最鄙视那些争功讨赏的人。他打好行装，同母亲悄悄地到绵山隐居去了。

晋文公听说后，感到很羞愧，亲自带人去请介子推，然而介子推已离家去了绵山。绵山山高路险，树木茂密，找寻两个人谈何容易。有人献计，从三面火烧绵山，逼出介子推。晋文公求人心切，就听了小人的话，下令三面烧山。没料到大火烧了三天，连介子推的影子也没见到。

大火烧遍绵山，却没见介子推的身影。火熄后，人们才发现介子推和老母亲已坐在一棵老柳树下死了。晋文公悲痛万分，在介子推的尸体前哭拜一阵，然后安葬遗体，发现介子推的脊梁堵着个树洞，洞里好像有什么东西，掏出一看，原来是一血书，上写道："割肉奉君尽丹心，但愿主公常清明。"

为纪念介子推，晋文公下令将这一天定为"寒食节"。第二年，晋文公率众臣登山祭奠，行至坟前，只见那棵老柳树复活，绿枝千条，随风飘舞。晋文公望着复活的老柳树，像看见了介子推一样。晋文公便赐老柳树为"清明柳"，又把寒食节的后一天定为"清明节"。

知识补给站

春秋时期，为什么出现了那么多的国家？

周朝实行的是分封制。周天子将土地和人民分给王室子弟、功臣和古代帝王的子孙，所封之地称为"诸侯国"。而与此同时，诸侯在自己的地盘上，给卿大夫再分土地和人民。卿大夫再将一些土地和人民分赐给士。进入春秋时期，随着王权衰微，各地诸侯国国力逐渐强盛，就出现了各自为政的局面，因而出现了大大小小的国家。

秦穆公为何尽心尽力地几次帮助晋国国君？

秦国位于西北地界，游离于中原之外，但秦穆公如果想要称霸，必须东进中原。但秦国当时实力有限，与中原的各个国家来往很少。因此，秦穆公要想称霸，就必须寻得一个可靠的中原盟友，作为自己的敲门砖。选来选去，晋国就是最中意的合作对象。而此时的晋国正处于内乱之际，秦穆公此时出手可谓恰逢其时。

晋文公如何在短短几年成为中原霸主？

晋文公即位前，晋国就已经是春秋时数一数二的强国了。晋文公即位后，则将晋国的潜在实力激发出来。在外流亡十九年，不仅增长了晋文公的阅历，也带出了一支久经考验的人才队伍。晋文公在位时，有资格争夺霸主的只有晋、楚两国。因此，只要打败楚国，晋文公便可一举登上霸主宝座。

第5章
秦穆公西北称雄

有言在先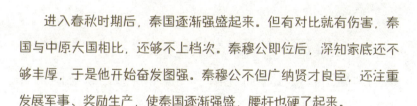

进入春秋时期后，秦国逐渐强盛起来。但有对比就有伤害，秦国与中原大国相比，还够不上档次。秦穆公即位后，深知家底还不够丰厚，于是他开始奋发图强。秦穆公不但广纳贤才良臣，还注重发展军事、奖励生产，使秦国逐渐强盛，腰杆也硬了起来。

为打开外交通道，称霸中原，秦穆公用联姻与晋国结盟，娶了晋献公的女儿穆姬做夫人，又把自己的女儿怀嬴嫁给晋文公。晋文公死后，秦穆公认为时机已到，想取代晋成为霸主，结果惨败，东进的出口被封死。

碰壁之后，秦穆公调转了"枪口"，决定向西寻找突破口，开始全力进攻西戎。离间计、美人计等悉数用上，最终征服了西戎部落，成为西方土地上的霸主。

和亲才是上上策

故事主角：秦穆公

故事配角：戎人、晋献公等

发生时间：公元前 655 年

故事起因：秦穆公想称霸中原

故事结局：秦穆公借助和亲加强了与晋国的联系

一条小河缓缓地流过秦穆公的脚下，几片落叶纷纷扬扬地飘下，漫山遍野充满了荒凉和冷寂。秋意的萧条令人感到仿似遭受大自然的抛弃，在先祖的陵墓之前，秦穆公和他引领的大臣班子一齐跪倒，这情景为凄凉的气氛增添了一分牺牲般的壮烈。

秋天平静地来，却在秦穆公的心底搅起了不平静的波澜。毫无表情的秦穆公给大臣们的是一个深不可测的印象，而在这时，只有他自己最清楚，他想做的已超过了先辈们所做的一切——齐桓公会盟诸侯的背影深深地印在了他的心里。

"既然齐桓公能行，我也一定能行。"秦穆公觉得就算不能称霸中原，也必须让自己当上西北的老大。有了这种念头，秦穆公便准备放开膀子大干一场。秦穆公在继位的第一年，便开始了他扩张疆土的事业，他的第一步行动便是收拾茅津（今山西平陆县）的戎人。秦穆公心想，他们夹在秦国和晋国之间，秦国要想与晋国往来，不铲除了怎么能行？

依仗先祖们攒下的实力，秦穆公很快拿下了这部分戎人。这之后，他便将眼光移到了晋国的身上。以前两国闹过矛盾，也为此打过大大小小的仗，秦国虽没大败过，但也没占到什么便宜。

既然硬的不行，就来软的。在这方面，秦穆公和当年的秦襄公是一样的。秦穆公自知实力不在晋国之上，若要打肿脸充胖子，对自己没有好处。在这种情况下，秦穆公忽然眼前一亮，想起了当年秦襄公对待西戎的政策——和亲。

公元前 655 年，晋国还是晋献公在当家，可谓霸气正盛，秦穆公于是做出毕恭毕敬的样子写了一封信给晋献公。信中在一贯的客套之后，表明了自己的目的：秦穆公希望能娶得晋献公的女儿。晋献公收到这个请求，在一阵迟疑和公开讨论后，基于政治因素，最终做出了决定——将自己的大女儿嫁给秦穆公，也由此开启了秦晋之好的序幕。

女儿，你会幸福的。

五张羊皮换一个大夫

故事主角：百里奚

故事配角：秦穆公、晋献公等

发生时间：公元前 655 年

故事起因：被俘的虞国能臣百里奚被楚国抓住，秦穆公爱才心切，想为其赎身

故事结局：秦穆公用五张黑公羊皮换回百里奚，并予以重用

秦国与晋国和亲后，除了令秦穆公娶到了一位娇妻，与中原强国晋国结成了姻亲关系，更令秦穆公意外收获了贤臣百里奚，可谓"一箭三雕"。

百里奚本来是虞国大夫，公元前655年，晋献公灭掉虞国后，百里奚与国君一同被抓，百里奚由此过上了奴隶的生活。晋献公答应了秦穆公的求婚之后，为女儿准备了大量的陪嫁，不仅包括各种珍宝器物，还包括很多男女奴隶，而百里奚就在其中，随出嫁队伍被送往秦国。

百里奚不堪受辱，在半路悄悄逃走了，但此时百里

奚已将近七十岁，腿脚不好，很快被楚国的农民抓住，又成了楚国的奴隶，被楚成王分配去养牛。

秦穆公听说陪嫁奴隶中有个老者是从虞国**俘虏**（作战时捉住敌人）来的贤臣，但是已经逃走了，还被楚国人抓住送去养牛，于是秦穆公便想重金为百里奚赎（shú）身。但是转念一想，如果自己真的花重金去赎他，就会

什么时候是个头儿啊。

引起楚成王的注意。

于是秦穆公派人出使楚国，对楚成王说："我夫人的一个陪嫁奴隶逃到了贵国，请允许我用五张黑公羊皮赎他，怎么样？"五张黑公羊皮是当时比较正常的价格，楚成王觉得这根本不是啥大事，便爽快地答应了。

为蒙蔽楚国人，秦国使者将百里奚像奴隶一样囚禁起来，待一行人抵达秦国，秦穆公亲自迎接，为他解开束缚并谈论国事。百里奚一生大起大落，此时已经心灰意冷，便说："我是亡国之人，不值得你如此！"秦穆公坚定地说"虞国国君不听您的建议才会亡国，虞国灭亡并非您的过错"，并再三以国事相问。百里奚见秦穆公十分诚恳，并没有轻视自己，便滔滔不绝地将胸中韬（tāo）略相告。君臣二人谈得热火朝天，秦穆公认为百里奚提出的治国之策很适合秦国，于是便将国家大政托付给他，并封他为大夫。

遇到了秦穆公这个好领导，百里奚得以在秦国大展拳脚。据说，百里奚活了一百多岁，在有生之年，他竭尽所能为秦穆公出谋划策，帮助秦国增加国力，向中原扩展，在后来秦霸西戎的道路上，百里奚起到了很大的作用。

牛贩子退秦军

公元前 628 年，晋文公病死，他的儿子继承王位，

是为晋襄公。有人对秦穆公说："晋文公刚死去，还没

举行丧礼。趁这个机会攻打郑国，晋国绝不会去援救郑国。"秦穆公一听，感觉这是一个赚大便宜的机会，便说干就干。

秦穆公于是把大臣们聚到一起，商量怎样攻打郑国。两个经验丰富的老臣蹇（jiǎn）叔和百里奚都极力反对，蹇叔认为调动大军偷袭那么远的国家，士兵容易精疲力乏，如果对方有了准备，根本没戏，而且也瞒不住郑国。

可是秦穆公这回是什么都听不进去，决定派百里奚

的儿子孟明视为大将，蹇叔的两个儿子西乞术、白乙丙为副将，率军悄悄地前往郑国，准备来个突然袭击。

愿望是美好的，现实却是残酷的。第二年二月，秦国的大军刚刚进入滑国地界，便有人自称是郑国派来的使臣，求见秦国主将。这让孟明视惊讶不已，难道走漏了风声？只见这人走近说道："我叫弦高。我们的国君听说你们要到郑国来，特地派我在这里等候三位将军，并让我送上一份薄礼，慰劳贵军将士。"

孟明视原打算突然袭击，现在郑国使臣老远地跑来犒（kào）劳（用酒、肉等食物慰劳）军队，这说明郑国早已有了准备，要偷袭已经不可能了，便收下了礼物。

弦高走后，孟明视说道："看来郑国已经得知了消息，偷袭没有成功的希望，我们回国吧。"但既然出来了，哪有空手回去的道理，秦军于是顺手灭掉滑国回国了。

其实，郑国根本就不知道秦国要去偷袭的事，孟明视上了弦高的当。弦高是个牛贩子，他赶牛到洛邑去做买卖，正好碰到秦军。弦高得知秦军的用意后，已经来不及向郑国报告，于是他急中生智，冒充郑国使臣骗了孟明视，使郑国避免了一场战争。

偷鸡不成蚀把米

故事主角： 晋惠公

故事配角： 秦穆公、邳郑、邳豹、周天子、子桑等

发生时间： 公元前 651 年—公元前 645 年

故事起因： 晋惠公背信弃义，还在秦国闹饥荒之时趁机攻打

故事结局： 秦军打败晋军，并俘虏了晋惠公

　　公元前651年，大臣里克派人迎接公子夷吾回国继位。公子夷吾很高兴，但又怕其中有诈。但眼看到手的肥肉，岂能放手？身边的大臣说："如今秦国强大，不如请秦国派兵护送我们回国吧。"公子夷吾一听，顿时两眼放光，便派人带着厚礼入秦请求派兵，并向秦穆公信誓旦旦地说："事成之后，割晋国河西的八座城池给秦国。"同时又写信给里克许诺："事成之后，把汾阳之地封给你。"秦穆公觉得这笔买卖划算，于是派兵将公子夷吾送回了

老家。公子夷吾得以即位，是为晋惠公。

但晋惠公说一套做一套，过河拆桥。即位之后的晋惠公，不仅不给里克封邑，还结果了里克的性命；答应给秦国的八座城池，也不想给了，还派大夫邳（pī）郑出使秦国，编了一套谎话向秦穆公道歉。

邳郑本是里克阵营的人，他出使秦国时听说里克被杀，一方面为自己逃过一劫而庆幸，一方面又担心回国后遭遇不测。为了保命，必须铲除晋惠公身边的出谋划策者。于是他对秦穆公说："晋国人本不想迎立公子夷吾，而是希望公子重耳回国做国君，公子夷吾能够即位是仰仗秦国的庇护。现在他不遵守诺言，又杀死里克，这都是奸臣吕甥、郤芮（xì ruì）的阴谋。您不如引诱他们到秦国来，只要铲除他们，您就可以扶助重耳回国即位。"

秦穆公本来就在气头上，此时觉得邳郑的话很有道理，就派人与邳郑一同回国，邀请吕甥、郤芮到秦国来。不过这二位有点头脑，他们怀疑是邳郑在背后搞事情，便请晋惠公杀了他。邳郑的儿子邳豹逃到了秦国。

公元前 647 年，晋国大旱，派人来秦国借粮。百里奚指出晋国百姓无辜，于是秦穆公便决定借粮给晋国。一年后，秦国也遭遇饥荒，向晋国借粮。谁知晋国不仅不借粮，反而趁秦国的危机兴兵进犯，秦穆公这下彻底恼了，任命邳豹为将军，并且亲自带兵前去迎战。

两军交战，晋惠公**身先士卒**（指作战时将领

亲自带头，冲在士兵前面），冲在战阵前列，谁知回来的时候马却陷入了泥坑中。秦穆公见机会到了，就带着护卫来抓晋惠公，可是反而被晋军围困。多亏了三百名忠于秦穆公的勇士拼死杀入重围，不仅救了秦穆公，还活捉了晋惠公。

秦穆公带着晋惠公回国，一路上吓唬晋惠公说要用他做祭祀上天的祭品。周天子听说了这件事，于是替晋惠公向秦穆公求情。秦穆公的妻子是晋惠公的姐姐，她听说秦穆公抓了弟弟，还要押送回国做祭品，又是哭闹，又是以死相逼。秦穆公一时犯了难。

此时大臣们有的说放人，有的说不能放，一时间七嘴八舌，让秦穆公更没有了主意。最后子桑说："我们现在无力灭掉晋国，如果随意杀死其国君，只能使两国的仇恨加深，相互交恶。不如将晋国国君放回去，让他们的太子来秦国做质子（古代派往敌方或他国的人质）。"秦穆公觉得这个办法不错，就同意了。

经过这次风波，晋惠公被彻底制服，再也不敢违背对秦国的约定。回国后他很快将太子送到秦国做质子，也不敢再挑衅秦国了。

由余是个好青年

故事主角：由余

故事配角：秦穆公、王廖、戎王等

发生时间：公元前 627 年—公元前 623 年

故事起因：秦穆公向东称霸中原之路被封，想向西称霸西戎

故事结局：获得西戎能臣由余，并最终称霸西戎

秦穆公的争霸之路并不顺利。公元前627年，崤之战的惨败给了秦穆公当头一棒。秦穆公对此耿耿于怀，时刻准备要找晋国报仇雪恨；一年后又命孟明视率军出征晋国，结果秦军再次被打败，被晋国人嘲讽，相当没面子。

向东开拓的路被堵死了，秦穆公很是苦恼。正在这时，一个向西开拓的大好机会主动找上门来。秦国西边的戎族部落，多年来如同噩梦般纠缠着秦国，成为秦国的大患。戎王听说秦穆公是个贤明英武的国君，担心秦国强大对戎族不利，因此派大臣由余出使秦国来试探。

由余到了秦国后，秦穆公便带他到处转，又是参观宫殿，又是看祖传的珍宝财物。由余看了咋舌道："这些宫室积蓄，如果为鬼神所营造，那么鬼神也会累；如果让百姓来营造，那么百姓就会很苦。"秦穆公觉得很奇怪，便问："中原各国以礼法处理政务，却仍然出现祸乱，你们是靠什么来治国的呢？"

由余回答说："戎王怀着仁德善待臣民，臣民就满怀忠信侍奉他，治理整个国家就像管理自己的身体一样，这才是圣人治国的方法。"

这里是什么神仙地方？！

秦穆公听了低头沉思，默然不语，事后他召来内史王廖（liào），请教该怎么对付戎人。内史王廖思考了一下，想出了一个办法："戎王地处偏僻，从来没听过中原的乐曲。您可以赠送给他歌伎女乐，让他沉迷其中，以此消磨他的壮志。然后替由余向戎王请求推迟回国，戎王一定会怀疑由余。他们君臣之间有了隔阂，就有机可乘。更何况戎王喜欢上音乐，就没有心思处理政务了。"

秦穆公觉得十分有理，便决定依计而行。戎王欣然接受了秦国送来的歌伎，从此沉迷女乐不理政事，导致牧草枯竭，牛马死了很多。等由余回去时，戎王已不再是英主模样，任由余如何劝说，戎王也听不进去，由余十分恼愤无奈。秦穆公数次派人秘密邀请由余来秦国，由余知道戎王已经无可救药，只好归顺了秦国。

看戎王终日沉迷享乐，秦穆公去了心腹之患，便派孟明视等人率军进攻晋国。秦军渡过黄河以后，将过河用的船全烧了，以表达不胜晋军绝不复回之意。有了这样的勇气，秦军果然将晋军打得大败。很快，秦穆公又攻打了西方的戎族，二十多个戎狄小国先后归服，秦国由此开辟了千里疆土，终于在西戎地区成为一代霸主。

醒木一响，评书开场！

品茶听书，为你讲述有滋有味的春秋传奇；

真真假假，权且当茶余饭后的谈资……

今天，我要给大家讲的是——秦文公的神话！

秦文公的神话

公元前747年，秦文公正坐在王座上批改奏折，而此时，民间却发生了一件有趣的事。

传说，有一天，陈仓城里的一个猎人出外打猎。这次猎人有了一个意外的收获：他遇到了一只从没遇过的怪物，猎人紧紧地观察着这只长得异常奇怪的动物。只见这怪物四只脚如猪蹄一般，而头顶却顶着两只长长的尖角，又如山羊一样。这只怪物此刻正低下它的头，用鼻子在潮湿的土地上嗅着，仿佛在寻找着食物。

这样一只似羊却非羊、似猪又非猪的怪兽令猎人感到无比兴奋，这只怪物一旦被拖到市集里将会引起轰动。因此，激动的猎人立即搭起腰里的弓箭，瞄准这个怪兽，用力一拉弓，弓箭出弦，正中怪兽的腿部。怪兽受到这一箭，惊吓之余已经失去了逃跑的力量，箭镞（jiàn zú；即金属箭头）在它的腿里搅动着皮肉，顿时皮开肉绽。

猎人就这样捕得了怪兽，兴高采烈地用绳子将它绑住，准备带回去让朋友们见见世面。这个怪兽在闹市里一出现，果然引起了如猎人预料中的喧哗。在一阵惊奇和讨论后，众人决定将这只不知名的怪兽献给秦文公。这个怪兽在众人的捆绑下，被从集市送到了陈仓的王宫里。

秦文公对待怪兽的好奇心也不在猎人之下，当他看到这只有趣的动物时，立即产生了强烈的好奇心。但在偌大的秦廷上，竟然没有一个人知道它是什么。无奈之下，秦文公只得将怪兽暂放一旁。

更令人感到惊奇的是，解开这个谜的竟然是两个小孩。有一天，一男一女两个孩童遇到了秦文公和他的怪兽，于是指着怪兽对秦文公说："此名为'媪'（ǎo），常在地下吃死人脑。"秦文公一听，脸都吓绿了，原来这只动物竟是如此可怕的不祥之物！秦文公立即向两个孩童寻求驱邪的方法。这两个脸色红润的小孩却一点也不慌忙，只见他们其中一人拿起一个树枝往媪的头上插去，媪大痛，拼命挣扎，不久后便死了。

媪的死并不意味着故事的终结，在它死之前，它透露了一个关于这两个孩童的信息。原来这两个孩童是大吉之物，天下人得雄者将称王，得雌者将称霸。这个信息令秦文公和他的百姓激动万分，因此他们立即开始了对这两个孩童的抓捕行动。

在这次追捕中，那个女童跑不动了，此时她变成了一只野鸡，飞到了陈仓城北坡，不久后即落地变成了石头。这块石头被秦文公所得，秦文公大喜。于是秦文公立即将石头供奉了起来，并为它建立了祠堂。

知识补给站

"秦晋之好"是怎么回事?

公元前 676 年,晋献公的女儿伯姬在秦晋政治联姻中嫁给秦穆公为夫人,这是"秦晋之好"的开端。在此后二十年间,又有过两度"秦晋之好"。因此秦晋之好代表的是一种政治上的联姻,是国家之间的联合,但后来渐渐将两家结亲称结为"秦晋之好"。

百里奚为何被称为"五羖大夫"?

羖(gǔ),意为公羊。百里奚怀才不遇,被楚国抓住后被迫去养牛。秦穆公听说百里奚很有能耐,于是用五张黑色公羊皮把他买过来,并委任其为上大夫,把国家政事交给他,因为是仅用了五张黑色公羊皮收买回来的，故称其为"五羖大夫"。

秦穆公东进中原屡次失败，为什么还被称为"春秋五霸"之一？

一代霸主晋文公死后，秦穆公趁机三次挥师东进，却只收获了累累白骨和血的教训。而后秦穆公转而向西，兼并西戎二十多国，开疆拓土，进而称霸西戎。周襄王曾派人带金鼓送给秦穆公，以表示祝贺，表示认可了其霸主地位。后人因此将秦穆公列入了"春秋五霸"之一。

第**6**章

楚庄王问鼎中原

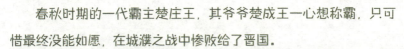

有言在先

春秋时期的一代霸主楚庄王，其爷爷楚成王一心想称霸，只可惜最终没能如愿，在城濮之战中惨败给了晋国。

爷爷不行，就儿子来；儿子不行，就孙子上。楚庄王即位后，比他爷爷和父亲聪明了很多。在刚即位的三年多时间里，他假装是昏君，暗中观察国内形势，在时机成熟之时来个快刀斩乱麻，消灭内乱，坐稳了王位。

想称霸必须先立威。楚庄王八年，楚庄王出兵洛阳，向周天子示威，开始公开挑战周王室的权威。这之后，楚庄王拿冤大头郑国开刀，出兵北伐郑国。晋国来救郑国，却得知郑国请罪求和，这让晋国很是不爽。

为分出高下，楚国和晋国"大打出手"，结果晋国大败。自此，中原的主要诸侯国都背弃晋国，而投靠在楚国的羽翼下。楚庄王顺理成章地成为中原霸主，把楚国霸业推向了顶峰。

故事万花筒

楚国干掉了"宋君子"

故事主角：宋襄公

故事配角：楚成王、公子目夷等

发生时间：公元前 639 年—公元前 638 年

故事起因：宋襄公也想称霸中原，不惜与楚国在泓水开战

故事结局：宋国军队大败，宋襄公受伤并很快死去

　　看着中原大地各国争霸，宋襄公也感觉心里直痒痒。公元前 639 年，宋襄公主动邀请齐、楚两国在鹿上会盟，并告知他将在秋天于盂（yú）地大会诸侯，请求齐、楚两国为他捧场。

　　到了秋天，宋襄公异常兴奋地准备参加盟会。公子目夷劝道："楚国不仅强大，还向来不讲信义，您还是带上兵马为好。"宋襄公却说："都约定不带军队了，我怎可失信呢？"宋襄公真的没有带军队，大摇大摆地

就出发了。

宋襄公欣喜赶到盂地时，楚、郑、陈、蔡、曹、许等诸侯国的国君都已经到了，但是比较支持宋襄公的齐孝公却没有来。宋襄公本想以霸主的姿态号令诸侯，谁知楚成王一声令下，楚国的武士们就呼啦啦地围上来，将宋襄公抓了起来。

不久以后，楚国挟持着宋襄公攻打宋国，到了宋国才发现在公子目夷的率领下，宋国已经做好了抵御的准备。楚国人便威胁宋国："你们如果不快快开城投降，就杀了你们的国君。"宋国人毫不客气地说："我们已有新君，绝不会投降！"楚国人见宋国守卫森严，以宋襄公的性命来威胁又起不到作用，便放了宋襄公，撤军回去了。

然而，重新登上君位的宋襄公并没有反思自己，只是痛恨楚国，但是又不敢去招惹楚国，怎么办呢？恰逢郑国国君到楚国去朝见楚王，宋襄公便召集了卫、许、滕国的军队一起去讨伐郑国，想以此给楚国找点事。郑国向楚国求援，楚王一听，这还了得，便派出大军去援助。

不久，宋国军队与楚国军队展开决战。宋国军队在泓（hóng）水岸边摆开阵势，楚军则渡水向对岸宋军展开攻击。楚军渡河的时候，公孙固说："如今楚军正在渡河，我们进攻吧。"宋襄公说："我们是仁义之师，怎么能趁人家渡河攻打呢？"楚军很快渡过了泓水。公孙固对宋襄公说："楚军还没布好阵，赶快发起冲锋，还可以取胜。"宋襄公还是不肯。

楚国的军队摆好阵势，主动发起了攻击，宋国军队哪里能够抵挡强悍（hàn）的楚军呢，很快就溃败了。宋襄公不服气，手提长矛，催着战车，想要再来一局。可还没来得及往前冲，就被楚兵团团围住，大腿上还中了一箭。多亏了宋国的几员大将奋力冲杀，才把他救出来。宋国的将士们死的死，伤的伤，狼狈不堪。

宋国经历此次惨败，元气大伤，称霸的最后一点资本也输光了。不久，宋襄公腿伤复发，医治无效，在内忧外患之中绝望死去。

"一鸣惊人" 的楚庄王

故事主角：楚庄王

故事配角：成公贾、苏从、斗克、公子燮等

发生时间：公元前 613 年—公元前 611 年

故事起因：楚庄王为辨别忠奸，三年不理国事

故事结局：任用贤臣，强化政治军事，并最终称霸中原

公元前 613 年，楚庄王芈旅继位。那时的楚庄王还是个毛头小子，掌握楚国大权的是他的两个老师——斗克和公子燮（xiè）。此时的楚庄王每天吃喝玩乐，逍遥快活，根本不把国家大事放在心上，他还下了一道命令：谁要是敢来劝谏，就处死谁。

一晃三年过去了，楚庄王还是饮酒作乐，日夜以歌舞为伴。看着大王如此这般，公子燮和公子仪便乘机发动叛乱。幸好朝廷中还有忠臣，才最终平定了叛乱。此时，楚国的周边小国都纷纷投靠了晋国，楚国已经成为"光

杆司令"了。

　　大臣成公贾实在看不下去了，请求面见楚庄王。在富丽堂皇的宫殿里，楚庄王正在饮酒欣赏歌舞。

　　庄王一见成公贾便问道："你是想喝酒呢，还是要看歌舞？"成公贾说："有人让我猜一个谜语，我怎么也猜不出，特此来向您请教。"楚庄王一听，顿时来了兴趣，问道："什么

谜语，这么难猜？你说说。"成公贾于是清清喉咙说："南山有一只大鸟，三年里站在大树上不飞不动也不叫，这是只什么鸟？"楚庄王沉思了一会儿，说："这是一只与众不同的鸟。这种鸟三年不飞，一飞冲天；三年不鸣，一鸣惊人。你的意思我明白了，你下去吧！"

成公贾以为楚庄王已**幡**（fān）**然醒悟**（形容迅速而彻底地认识到过错而醒悟悔改），就兴冲冲地告诉了好友大臣苏从，两人眼巴巴地等待着。可是，楚庄王依旧

南山有一只大鸟……

如从前一样。

苏从见楚庄王依旧没有改变，便冒死觐见。他才进宫门便大哭起来。楚庄王惊道："先生，什么事这么伤心？"苏从回答道："我为自己就要死了伤心，还为楚国即将灭亡伤心。"楚庄王很吃惊，便问："你怎么能死？楚国又怎么能灭亡？"苏从说："我想劝告您，您听不进去，肯定要杀死我。您整天观赏歌舞，游玩打猎，楚国的灭亡不是在眼前了吗？"楚庄王听了大怒，抽出剑指着苏从的心窝说："你不知我下的禁令吗？"苏从面无惧色，从容不迫地说："我知道，但是楚国政事已不可收拾，活着也没什么意思，请大王赐臣下一死！"说罢怒目而视。突然，楚庄王将剑收起，上前几步，激动地说："你才是我要找的国家栋梁呀！"

原来楚庄王因为当时朝政十分复杂，权臣乱政，忠奸难辨，才故意装糊涂。这样做就是要让奸臣充分暴露，让忠肝义胆的贤臣挺身而出，然后做他的助手。

这之后，楚庄王召集文武百官，整治朝纲，一边改革政治，一边扩充军队，加强训练军士，使楚国逐渐强大起来，并最终成为"春秋五霸"之一。

邲之战，楚国占了大便宜

故事主角: 楚庄王

故事配角: 楚国大臣伍参、晋军主帅荀林父和中军副帅先
縠等

发生时间: 公元前 597 年

故事起因: 楚国军队进攻郑国，晋国军队迟来救援

故事结局: 在邲之战中，楚国轻易取得胜利，晋军大败而逃

春秋时期，晋楚两国争霸非常激烈，处在两大国间的小国也经常惨遭战火，备受摧残，而郑国就在其中。

从公元前 608 年到公元前 596 年，仅晋国就曾五次对郑国用兵，楚国更是七次讨伐郑国。夹在晋楚两个大国之间，郑国从楚会遭到晋国攻打，从晋会遭到楚国攻打，无奈之下，郑国采取了一种顺风倒的政策，谁带兵来攻打就向谁献上一份礼物，表示服从。

这样的策略得到了晋国的默许，但楚国却不买账。

公元前 597 年春天，楚军包围了郑国国都。苦苦支撑了三个月后，郑襄公见晋国还是不肯相救，就只好亲自到楚军中去讲和，并最终订立盟约。

郑国已经兵败投降，晋国才派荀林父带军救郑。晋

军行至黄河，得知了郑楚讲和的消息。荀林父准备回师，中军副帅先縠（hú）却坚决不同意，准备与楚国决一死战。

楚庄王在攻下郑都之后，正打算班师回朝，却听到了晋军渡河的消息。楚国大臣伍参看出晋军内部不和，主将荀林父没有威望，觉得这是一次战胜晋军的好机会。楚庄王采纳了伍参的意见，便安营扎寨，等待着晋军的到来。其实，楚庄王虽明白这是战胜晋军的绝佳机会，却不愿意与晋军交战。他两次派人与晋军讲和，荀林父同意与楚军讲和，但无奈部下已根本不肯听从他的指挥。

双方在邲（bì）地（今河南郑州）展开混战。晋中军主帅荀林父见楚军大举来攻，前有强敌，后有黄河，心中慌乱，竟在中军敲响战鼓说："先渡过河的有赏！"中、下军在混乱中一道涌向河岸，争船抢渡。

溃散的晋军争舟渡河，喧嚣之声彻夜不绝。这场战争以晋国战败而告终。这是晋楚争霸以来，晋国最为惨痛的一次失败。楚庄王这次出征的目的本是为了讨伐郑国，没想到意外收获了一个如此大的惊喜。

这次战役是晋楚争霸的一个转折点，楚庄王也由这次的胜利而一举奠定了霸主的地位。

楚庄王葬马

故事主角：楚庄王

故事配角：优孟及众大臣等

发生时间：不详

故事起因：楚庄王想以大夫之礼埋葬他的马，遭到众大臣反对

故事结局：优孟冒死劝谏，运用智慧让楚庄王收回固执命令

　　楚庄王有一匹好马，非常喜欢它，给马的待遇不仅超过百姓，甚至超过给大夫的待遇。他不仅给马穿上**绫罗绸缎**（泛指各种精美的丝织品），把马安置在华丽的宫殿里，还专门给它准备了一张床做卧席，拿枣脯（fǔ）喂养它。

　　久而久之，这匹马因为被恩宠过度，得肥胖症死了。楚庄王非常伤心，命令大臣们为死马治丧，准备用**棺椁**（guān guǒ；即棺材和套棺）装殓（liàn），按大夫的葬

礼规格来安葬它。楚庄王身边的大臣觉得这事太过分，争着劝谏。楚庄王大怒，下令说："如果再有为葬马的事情进谏的，立刻处死！"

优孟听说了，就走进宫殿大门，仰天大哭，一把鼻涕一把泪的。楚庄王很吃惊，问他为什么哭得这么厉害。优孟哭着回答说："宝马是大王的心爱之物，理应厚葬。堂堂楚国，地大物博，国富民强，有什么要求办不到？大王却只用大夫的规格安葬它，太薄待它了。我建议用君王的规格来安葬它。"

楚庄王忙问："那怎么办好呢？"

优孟回答："用雕刻的美玉做棺材，用最上等的梓（zǐ）木做外椁，拿樟木等贵重木材做装饰，再派几千名士兵挖掘坟墓，老人和孩子背土筑坟，然后，让齐国和赵国的使节在前面陪祭，韩国和魏国的使节在后面护卫。安葬完毕之后，再为它建立祠庙，用猪、牛、羊各一千头的**太牢礼**（古代帝王祭祀的礼仪）来祭祀它，并且安排一个一万户的城邑进行供奉。诸侯各国如果听说大王这样厚待马匹，肯定会影响很大，都会知道大王把人看得很低贱，却把马看得很重。"

楚庄王此时才忽然醒悟，说道："哎呀！我怎么错到这种地步！现在该怎么办呢？"

优孟说："请让我用对待六畜的方式来埋葬它。用土灶做外椁，用铜锅做棺材，用姜和枣来调味，再加进木兰，用稻草做祭品，火光做衣服，把它埋葬在人们的肠胃里。"

楚庄王同意，于是就派人把马交给主管膳（shàn）食的太官，并且告诫大臣们，不要宣传原先的打算。

那怎么办呢？

一切听我的就可以了。

三王墓的来历

春秋时期，楚国居住着一对年轻的夫妇。丈夫叫干将，妻子叫莫邪，他们都是铸剑的高手。

有一天，楚王听说了他们的名声，就召干将前来，命令他为自己铸造最好的宝剑。干将和莫邪不敢抗命，只好精雕细琢、日夜赶工，花了三年的工夫，终于铸造出了一对锋利无比的雌雄宝剑。

交剑的日子到了，临行时，干将对已经有孕在身的妻子莫邪说："我们费尽心力铸造出这两把宝剑，楚王得到它们，一定会把铸剑的人杀掉。我这一去，怕是回不来了。我把雄剑藏起来了，如果生的是男孩，等他长大以后，就告诉他，出门以后向南望，有一座南山，山上有一棵长在石头上的松树，剑就在树的背后。"

干将带着雌剑去见楚王，楚王得到宝剑，果然下令把干将杀死了。

不久，莫邪生了一个男孩，取名赤鼻。十多年后，赤鼻问莫邪："娘，我的父亲在哪里？我怎么从来没有

我的剑天下第一。

听您提起过？"莫邪流下了眼泪，她把儿子叫到跟前，将他父亲的遭遇告诉了他。赤鼻听了，悲愤极了，他流着眼泪对母亲说："您放心，我一定杀死楚王，为父亲报仇！"莫邪又说："你父亲临走的时候，要我告诉你，南山上有一棵老松树，背后藏着一把可以对付楚王的剑。你去把它取出来吧。"

赤鼻找到雄剑后，日以继夜地练剑，心中盘算着替父报仇的计划。就在赤鼻加紧练剑的同时，楚王接连几天做了同一个怪梦。他梦见有一个眉距极宽、气宇轩昂的少年，手提一把宝剑，口中喊着"我要为我的父亲报仇！"向他冲了过来。楚王吓得顿时醒了过来。他让大臣们四处张贴布告，重金悬赏，买这个少年的头颅。

赤鼻听到这个消息，连忙跑到深山里躲藏了起来。他心里悲伤极了。这时，迎面走来了一个少年，他见赤鼻这个样子，便问道："你怎么了？为什么如此悲伤？"赤鼻就将自己的遭遇告诉了少年。少年听了，非常同情他，对赤鼻说："我可以帮你报仇，不过，我要借你身上的一样东西，才能达到目的。"赤鼻连忙问："是什么东西？"少年说："就是你的头颅。楚王现在正以千金买你的头，你只要把你的头和宝剑借给我，我带着你的头去请赏，就能够见到楚王，趁机杀死他。"

赤鼻听了，哈哈大笑，说："只要能报仇，没有什么是我舍弃不了的！"说完，就提起宝剑，把自己的头颅割了下来。少年带着赤鼻的头颅和雄剑来到王宫，求见楚王。楚王见赤鼻的头颅和梦中所见的一模一样，高兴极了。这时，少年又说道："大王，这是一个勇士的头，最好把它放在锅里煮烂，这样，他的鬼魂就不会来伤害您了。"

楚王听了，就命人架起大锅，倒进水，在下面燃起大火，把赤鼻的头扔了进去。可煮了三天三夜，赤鼻的头却不烂。少年对楚王说："大王，这个人的头颅煮不烂，要是大王您能亲自去看一看也许就可以了。"

听少年这样说，楚王就走到了大锅旁边，向里看去。这时，少年趁机拔出宝剑，将楚王的头砍了下来，落在了大锅里。不等士兵们上来，少年用宝剑把自己的头也砍了下来，跌进锅里。三颗头颅在大锅里不停地咬来咬去，没一会儿，就全都煮烂了，再也辨认不出哪个是楚王的头。王后没有办法，只得让人将这三颗头颅葬在了一起。后人称它为"三王墓"。

知识补给站

历史上为什么只有楚国的国君称王？

在周朝，周天子才称"王"，而其他诸侯国的国君都是周天子的臣子。这些臣子只能按照爵位称"公""侯""伯""子""男"，这就是通常所说的五爵。楚国是蛮族建立的国家，自然不遵守周朝的礼法，并且楚国依仗其地广人多，兵精粮足，因而不把周天子放在眼里，违制称王。

"问鼎"一词是怎么来的？

九鼎，是王权至高无上、国家统一昌盛的象征，夏朝、商朝、周朝三代奉其为象征国家政权的传国之宝。

公元前606年，楚庄王想取周而代之，就借朝拜天子的名义，到周王室去问九鼎的大小轻重，结果在周大臣王孙满那里碰了"钉子"。从此以后，人们就将企图夺取政权称为"问鼎"，也指在某方面取得胜利。

春秋时期的战争具有哪些交战规则？

　　春秋时期的交战规则更多地体现在礼仪上，具体规则有：打仗之前先下战书，并且理由充分；双方交战不斩来使；一方还未排阵布列，另一方不得进攻；战争一般会持续很长时间，双方将士都会累，在中途休息时，不准偷袭对方；如果战败方屈服了，不得进行二次伤害等。

第 **7** 章

吴越争霸的小时代

有言在先

有道是：山水轮流转。到了春秋晚期，诸侯争霸的焦点逐渐由北方转移到了南方。除了一向强大的楚国，吴国和越国也正逐步兴起，并开始了一段你争我斗的争霸岁月。

对于雄心满满的吴国来说，想要称霸中原，必先干掉越国，这样才能保证后方的安全；而不甘示弱的越国，必须先除掉吴国，才能够打通北进中原的通道。奔着各自的目的，两国不可避免要大打出手，因而引发了延续二十余年的吴越战争。

两国相互征伐多年，直至笠（lì）泽之战后，吴、越力量对比发生了根本变化，越已占有绝对优势。最终，越国吞并吴国，国力盛极一时，越王勾践也成为春秋最后一位霸主。

伍子胥是个狠角色

故事主角：伍子胥

故事配角：伍奢、太子建、伍尚、楚平王、东皋公、公子
光、专诸、吴王僚等

发生时间：公元前 522 年—公元前 511 年

故事起因：伍子胥逃难吴国，公子光想夺得王位

故事结局：伍子胥用专诸成功刺杀吴王僚，吴王阖闾登上
王位

公元前 522 年，楚平王要废掉太子建。楚平王怕太
子建的老师伍奢（shē）反对，就先把伍奢关进监狱。

楚平王派人去杀太子建的同时，逼迫伍奢给他的两
个儿子伍尚和伍子胥（xū）写信，叫他们回来，以便斩
草除根。伍尚回去后，就和父亲伍奢一起被楚平王杀害了。
太子建事先得到消息，便带着儿子公子胜逃往宋国。

伍奢的另一个儿子伍子胥，也逃离了楚国，他在宋国找到了太子建。不久，宋国发生了内乱，伍子胥又带着太子建、公子胜逃到郑国。他们请求郑国出兵攻打楚国，郑国国君郑定公没有同意。太子建情急之下，竟想与郑国的一些大臣夺权，结果被郑定公杀了。

伍子胥带着公子胜从郑国逃了出来，投奔吴国。

楚平王重金悬赏捉拿伍子胥，叫人画了伍子胥的像，挂在楚国各地的城门。伍子胥和公子胜逃出郑国后，怕被楚国人发现，白天躲藏起来，到了晚上才赶路，在吴楚两国交界处，关上的官吏盘查得很严。传说伍子胥为了过关而忧虑不安，一夜之间，头发都愁白了。幸亏遇到了一个好心人东皋（gāo）公，他同情伍子胥等人的遭遇，把他们接到自己家里。

东皋公有个朋友，长得有点像伍子胥。东皋公让他冒充伍子胥蒙骗关上的官吏。守关的逮住了假伍子胥，而真伍子胥因为头发全白了，容貌也变了，守关的人没认出来，让他混出了关。

伍子胥到了吴国，吴国公子光正在谋划夺取王位，伍子胥便把勇士专诸（zhū）推荐给他。专诸决定帮助公子光行刺吴王僚（liáo）。

公元前515年，公子光与勇士专诸谋刺吴王僚。四月，公子光先于地下室埋伏甲士，然后设宴招待吴王僚。吴王僚戒备森严，为防止有人将兵器带入，端菜的人要在门外重换别的衣服才可进门。专诸把匕首藏在鱼肚子里，在上菜时抽出匕首刺杀了吴王僚，专诸也被甲士乱剑刺死。

伍子胥帮助公子光杀了吴王僚，公子光登上了王位。这就是吴王阖闾（hé lǘ）。吴王阖闾即位之后，封伍子胥为大夫，帮助处理内政大事。

公元前511年，吴王采用伍子胥的谋略讨伐楚国，吴军分为三股，轮流出扰，楚军疲于奔命。很快，楚国的军队被打败，吴军乘胜一直打到郢（yǐng）都。

那时，楚平王已经死去，他的儿子楚昭王在吴军到来之前就跑了。伍子胥对楚平王恨之入骨（恨到骨头里去，形容痛恨到极点），刨了他的坟，还把平王的尸首挖出来狠狠地鞭打了一顿。

125

要离：一个讲武德的刺客

故事主角：要离

故事配角：吴王阖闾、伍子胥、庆忌等

发生时间：公元前 513 年

故事起因：吴王阖闾想除掉心腹大患庆忌，伍子胥推荐刺客要离

故事结局：要离最终刺杀庆忌，并因自责自刎而死

　　阖闾当上吴王后，仍然寝食难安，因为僚有一个儿子名叫庆忌，其人有万夫莫当之勇，如今逃到了邻国卫国。庆忌在卫国招兵买马，因而成为阖闾的**心腹之患**（指最大的隐患）。

　　吴王阖闾想要杀掉庆忌，但是又担心招来诸侯的讨伐，因而不知怎么办。于是，阖闾便问伍子胥："现在听说僚的儿子庆忌正在联合诸侯准备来讨伐我，你看我应该如何是好？"伍子胥说："臣与一名刺客交情很深，

他应该可以做成此事。"这个刺客就是要离。

吴王阖闾见到要离后，问道："你是什么人啊？"要离回答说："我是国东千里之人，瘦小力弱，随风而倒。但是君王有什么命令，臣一定尽力。"吴王阖闾心里对伍子胥推荐的这个人有些不满意。

要离突然说道："君王是在以庆忌为患吗？臣能够杀了他。"吴王阖闾则说："庆忌的勇猛，世上罕见。现在你的实力不如他啊！"要离进一步说："只要君王想要杀他，臣就能杀了他。"吴王阖闾又说："庆忌是个聪明人，你怎么杀他呢？"要离回答说："臣假装身负重罪而逃，请君王杀了我的妻子，砍断我的手臂，那么庆忌就必信臣无疑了。"吴王阖闾听后，便同意他依计行事。

要离出逃吴国后，吴王阖闾依计杀了他的妻子，并焚（fén）尸于市。要离则在各诸侯国中游走申冤，并被天下认为是无罪的。要离后来到了卫国，见到庆忌之后，便愤然地说："阖闾昏庸（yōng）无道，王子您是知道的。如今，没有任何罪名，他就杀害了我的妻子，并焚尸于市。吴国的状况我是熟悉的，再凭借王子的勇猛，那么

127

便可打败阖闾。"庆忌相信了要离，于是便开始训练士兵，准备伐吴。

三个月后，庆忌率兵伐吴。要离与庆忌同坐一船渡江，在船到江中之时，要离决定刺杀庆忌。由于要离力微，便坐在上风向，借助风力刺向庆忌。庆忌一时未死，便抓起要离，把他的头按在水中三回，然后拎起来放到了膝盖之上。庆忌大笑两声说道："天下还真有勇士啊！敢来刺杀我！"庆忌的随从想要杀了要离，但庆忌阻止道："这可是天下的一名勇士！怎么能够一天之内杀死两个天下的勇士呢？"要离被放走后不久，庆忌死去。

要离坐船来到江陵之后，就再也不走了。随从问："您为什么不走了？"要离说："为了事君而杀了我的妻子，这是不仁的；为了新君王而杀旧君王的儿子，这是不义的。现在我这样还有什么脸面对天下人呢？"最终，要离拔剑自刎（wěn）而死。

最狠的教练

故事主角： 孙武

故事配角： 吴王阖闾、宫姬、宫女等

发生时间： 公元前 512 年

故事起因： 为测试孙武的兵法能力，拿众宫女进行军事训练

故事结局： 斩杀不听话的宫姬，成功训练出一支宫女队伍

公元前 512 年，经伍子胥推荐，著名军事家孙武携带自己写的《孙子兵法》去见吴王阖闾。吴王看过后说："你的十三篇兵法，我都看过了，能否拿我的军队试试？"孙武说可以。吴王再问："用妇女来试验可以吗？"孙武也说可以。于是吴王召集了一百八十名宫中美女，请孙武训练。

孙武将她们分为两队，命吴王宠爱的两个**宫姬**（泛称皇宫中的女官）为队长，并叫她们每个人都拿着长戟

（jǐ）。队伍站好后，孙武便发问："你们都知道自己的前心、左右手和后背的位置吗？"众女兵说："知道。"孙武说："向前，就看向前心所对的方向；向左，就看左手方向；向右，就看右手方向；向后，就看背后的方向。"

众女兵说："明白了。"于是孙武命令搬出**铁钺**（yuè；古时杀人用的刑具），三番五次告诫她们不得违反号令，否则军法从事，说完便击鼓发出向右转的号令。怎知众女兵不但没有依令行动，反而哈哈大笑。

孙武见状说："解释不明，交代不清，应该是将官们的过错。"于是他又将刚才的话详尽地向她们解释了一次，再次击鼓发出向左转的号令。众女兵仍然只是大笑。孙武便说："解释不明，交代不清，是将官的过错。既然交代清楚而不听令，就是队长和士兵的过错了。"说完，他命左右随从将两个队长推出斩首。

吴王正坐在高台上兴致勃勃地看热闹，忽然看见那两个宠姬要被押出去斩首，大吃一惊。他做梦也想不到孙武会这样认真，就马上派人跑去对孙武求情说："我已经知道将军是很能用兵的了。但是，请不要杀她们。"孙武说："将军统兵在外，即使是君王的命令，有时也可以不听从。"他坚决地把两个宫姬斩了，同时任命另外两位宫女做队长。宫女们很害怕，孙武再次发令时，所有的宫女都整齐认真地操练，不敢再把此事当作儿戏了。吴王也不得不佩服孙武的才能。

不久，孙武向吴王报告说："军队已经操练完毕，请大王检阅。您可以随心所欲地指挥她们，即使是命令她们赴汤蹈火（为某事付出全部的勇气，不留余力地前进），也不会违抗命令了。"吴王因为失去两个宠姬，正在痛心后悔，就没好气地说："你回去休息吧，我不想检阅了。"孙武有些不满，叹口气说："大王只是欣赏我的兵法理论，却不支持我行动啊！"

但是吴王确实赏识孙武卓越的军事才能，后来还是任命了他做大将，统率吴军大破楚军，一直攻入楚国的郢都。吴国威震中原，成为崛起东方的霸主，连晋、齐等大国也甘拜下风。

饱尝屈辱的"马夫"

故事主角：勾践

故事配角：夫差、伍子胥、伯嚭、文种、范蠡等

发生时间：公元前 497 年—公元前 473 年

故事起因：越国和吴国争霸，越王勾践被俘受辱，回国后立志复仇

故事结局：越王勾践灭掉吴国，并称霸中原

公元前 497 年，越王允常病死，其子勾践继位。吴王阖闾便趁虚而入，发兵攻打越国。结果吴军偷鸡不成蚀把米，遭遇大败，阖闾也中箭挂彩。阖闾临死前，对儿子夫差说："千万不要忘记越国的仇恨，要替我报仇。"没过多久，阖闾便一命呜呼。

夫差即位后，发誓一定要打败勾践，为老爸报仇。他任命伍子胥为相国、伯嚭（pǐ）为太宰，发愤图强，励精图治，准备攻打越国。

过了两年，勾践得知夫差昼夜练兵，就想来个先下手为强。吴王夫差率兵迎战，双方大战于夫椒。结果，越军大败，勾践战败逃到会稽（kuài jī）山上，被吴国追兵围了个里三层外三层。

在这生死之际，勾践准备与吴王决一死战。他手下有两个很有才能的人，一个叫文种，一个叫范蠡（lǐ）。他们认为不如先贿赂（huì lù）吴国权臣伯嚭，以求生路，便暗中派人把一批越女和奇珍送给他，托他在夫差面前说好话。伯嚭果然是来者不拒，接受礼物，在夫差面前劝说一番。夫差不顾伍子胥的反对，答应了越国的求和条件，但要勾践到吴国去赎罪。

勾践把国家大事托付给文种，就带着夫人与大夫范蠡去了吴国，从此开始了被奴役的苦难日子。夫差派人在其父墓旁筑了一个石屋，将勾践夫妇赶进屋中，换上囚衣，去做喂马的苦役。夫差每次坐车出去，都叫勾践牵马，叫范蠡伏在地上当马镫（dèng），虽然伤害性不大，但侮辱性极强。

勾践在吴三年，可谓受尽苦难。公元前491年，吴王夫差将勾践放回归国。自此，勾践广纳贤士，立志报仇雪恨。他自己身穿粗布衣服，不吃肉食，住在简陋的屋子里，把席子撤去，用柴草做褥子；在吃饭的地方悬挂一个苦胆，每次吃饭的时候，先尝一尝苦胆，然后大喊一声："勾践，你忘记会稽的耻辱了吗？"勾践还与百姓一起劳作，让夫人织布裁衣，与民同甘共苦。经过长期的艰苦奋斗，越国最终重新崛起。

又过了几年，夫差带兵进攻齐国，得胜而归。文武官员全说恭维话，只有伍子胥在夫差面前批评说："这次进攻齐国，只能算是一次小胜利。越国不灭，才是心腹大患。"吴王夫差大怒，赐（cì）了伍子胥一把宝剑，令他自杀。

公元前 473 年，勾践留下文种处理朝政，自己与范蠡率精兵五万袭击吴国，打败吴国守军，杀了吴国太子，把吴王夫差流放。后来，夫差痛悔自己相信伯嚭之言，而忠言却听不进去，于是他以布蒙面，伏剑自杀了。

"文财神" 范蠡

故事主角：范蠡

故事配角：越王勾践、吴王夫差、西施、齐国国君等

发生时间：公元前 511 年—公元前 448 年

故事起因：范蠡助越王勾践灭吴后，担心招致灾祸而隐居齐国

故事结局：范蠡成为道商鼻祖，被尊称为"文财神"

在民间，比干和范蠡被称为"文财神"。

范蠡是春秋时期楚国人，后来和好朋友文种一起去了越国，很快就得到了越王勾践的充分信任。

越国被吴国打败以后，越王勾践做了吴国的奴隶。范蠡也随勾践一起入吴，为吴王夫差驾车。在吴国忍辱偷生的几年里，范蠡鼓励勾践养精蓄锐（保养精神，蓄集力量），为日后的复仇做准备。后来，吴王放勾践回国。勾践回国以后，卧薪尝胆，准备攻打吴国。为了振兴越国，

勾践拜范蠡为宰相。范蠡采取了一系列措施富国强兵。为了麻痹（bì）吴王夫差，他把西施送给了吴王。

吴王刚开始对西施充满了戒备之心。慢慢地，吴王还是没有抵住诱惑，中了美人计。他对西施非常宠爱，为了博美人一笑，为她修建了豪华的宫殿。可是，西施一点也不高兴，整天对吴王冷冰冰的。

吴王每天都围着西施转，想着怎样才能逗美人开心。渐渐地，吴王不理朝政了。大臣们看不过去，都来劝谏吴王。其中一个大臣说："大王，你可不能沉溺于美色之中了。越国正在养精蓄锐，准备随时消灭我们吴国。"吴王哈哈大笑，说："你们想太多了。那个勾践是个懦夫，他恭维我还来不及，怎么敢反抗我呢？"

西施不辱使命，迷惑了吴王夫差，令他不理朝政，把称霸的豪情壮志全都抛到了脑后。在范蠡和文种的辅佐下，越国渐渐强盛了起来，报仇的时机也成熟了，越国对吴国发起了进攻。越军在范蠡的带领下，把吴王夫差围困在了姑苏山上。最后，夫差自杀身亡。

范蠡帮助越王消灭了吴国，洗刷了当年的耻辱。之后，范蠡又辅佐越王称霸诸侯，被越王奉为上将军。灭了吴国以后，越王还是面无喜色，范蠡观察到这个情况以后，思考到一定是自己功高震主，才惹得越王不高兴。于是，他就上书给越王，说："当年大王在会稽受辱，我之所以不死，就是为了报仇雪耻。现在大仇已报，臣请赐死。"越王读了范蠡的信以后，对范蠡说："我还打算把国家分一半给你呢。"范蠡知道越王并不是真心对自己，早晚会加害自己，于是就逃到了齐国。

在齐国，范蠡隐姓埋名，治理产业，很快成为当地的富户。尽管范蠡有万贯家财，但他视金钱为粪土，将挣来的钱都分给了穷苦的朋友和亲戚。

齐国的国君听说范蠡隐居在自己的国家，想请他出来做官，于是，带着文武大臣来到了范蠡的住处。范蠡听完齐国国君的来意后，委婉地拒绝了，自己只想做好一个商人。

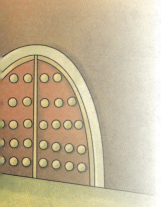

齐君不死心，时常来看望范蠡。范蠡没有办法，只好带着家产偷偷地逃出齐国。

后来，范蠡在陶地住了下来，自称陶朱公。范蠡既精通理财，又不惜散财，所以被人们尊为"文财神"。

醒木一响，评书开场！
品茶听书，为你讲述有滋有味的春秋传奇；
真真假假，权且当茶余饭后的谈资……
今天，我要给大家讲的是——鲁班借龙宫！

鲁班借龙宫

　　鲁班师傅的手艺天下闻名。一天，他看到很多老百姓在路边挨饿受冻，没有房子住，就想盖一座又大又漂亮的房子，让老百姓都可以住进去。可是到底什么样的房子才又大又漂亮呢？

　　鲁班师傅的一个徒弟灵机一动，对师傅说："师傅，听说东海龙王的龙宫是这世上最漂亮的房子，我们找他借来做个样子吧。"

　　鲁班师傅听了，说："好，那我们就去借吧。"于是鲁班师傅就到了东海，站在海边，朝海里大喊："龙王！龙王！"

一会儿，龙王驾着海浪出现了，他站在浪头上，对鲁班说："鲁班师傅，什么事呀？"

鲁班说："龙王龙王，我想造一个又大又漂亮的房子，听说你的龙宫是这世上最漂亮的房子，我想拿你的龙宫做个样子，行吗？"

龙王听鲁班这样说，感到十分得意，说："好吧，我可以借给你，不过只能借三天，三天以后，你就得给我还回来。"

鲁班听了，点了点头，表示答应了。

龙王一挥手，龙宫就从水里冒了上来，漂到了岸上。

龙宫果然漂亮极了，水晶做的外墙，琉璃玛瑙（mǎnǎo）的屋梁，门窗上雕刻着各式各样的花纹，屋檐还被修成了水波纹一样的形状，既结实又漂亮。鲁班师傅和徒弟们一致决定照着它的样子造房子。

他们搬来木料，架起屋梁，又拉来各种砖石，砌起墙壁。大体的结构建得差不多了，但龙宫实在是太大，各式各样的雕刻、形状各异的花纹，三天的时间，鲁班师傅和徒弟们实在是造不完。

转眼就到了第三天的傍晚，鲁班师傅一个人坐在屋子里发愁：明天龙王就会派人来搬走龙宫了，自己还没有造完，怎么办呢？

想来想去，他想出一个主意来，他让徒弟们在龙宫的四角钉上木桩，又在四个屋檐下面分别挂了一串铜铃。

夜里，龙王派来的龙、鱼、虾、蟹们果然来搬龙宫了。他们来的时候，带起了一阵狂风，吹得屋角的铜铃叮叮当当地响。鲁班师傅一听，知道他们来了，就连忙找了个地方躲了起来。虾兵蟹将们开始搬龙宫了，可他们费尽了吃奶的力气，也没能把龙宫抬起来。蟹将军又指挥鱼虾们去房子后面用力地推，可龙宫仍旧是纹丝不动。虾兵蟹将们累得气喘吁吁，又是搬，又是抬，一直折腾到凌晨时分。转眼天就要亮了，可虾兵蟹将们谁都没有注意到四个角上的木桩，依旧在那里使劲地搬。这时，太阳出来了，虾兵蟹将们全都着了慌。他们连忙找地方躲藏。小龙爬上了屋檐，鲤鱼钻进了门缝，虾和蟹急得四处乱跑。

公鸡打鸣了，太阳升了起来，小龙被晒死在屋檐上，

鲤鱼也粘在大门上，下不来了。

鲁班师傅和徒弟们到龙宫前一看，小龙的头伏在屋角上，龙身横躺在瓦背上，龙尾翘了起来，鲤鱼站在大门上，恰好成了一个环的形状。鲁班师傅看了，觉得很漂亮，就用泥捏成龙头和龙尾的模样，烧成瓦片，镶在屋檐上；还用铜打成了鲤鱼样的门环，钉在了门上，两扇门，一边一个，恰好一对。

后来的人们仿照鲁班师傅造的屋子的样子，建造自己的房子，龙头龙尾的屋檐和鲤鱼的门环，也就一直流传到了现在。

知识补给站

伍子胥一夜白头，可有科学依据?

所谓的"一夜白头"，是指由于极度紧张、忧愁、恐惧，引起体内一系列急剧变化，在短时间内产生大量的白发。尽管如此，但一般一夜之间从黑发完全变成白发是不常见的，往往是需要一定过程的。

你知道史书《左传》吗?

《左传》也称《左氏春秋》或《春秋左氏传》。《左传》是我国第一部叙事完备的编年体史书，所记历史自鲁隐公元年（前722年）开始，直到鲁悼公十四年（前454年）结束。《左传》以记事为主，记载了东周及各诸侯国的历史事件。

"越王勾践剑"历经2500多年，为什么不生锈？

　　"越王勾践剑"，号称"天下第一剑"。此剑的成分是青铜，也就是铜锡合金。锡是一种抗锈能力很强的金属，因此能抗蚀防锈。除此之外，"越王勾践剑"剑身上的黑色菱形格子花纹及黑色剑格，是经过硫化处理的，这也大大增强了宝剑的抗蚀防锈能力。